TRENTE-ET-QUARANTE

DÉVOILÉ

PARIS. — TYPOGRAPHIE GAITTET,

Rue Gît-le-Cœur, 7.

INFLUENCE DE L'ESPRIT ALÉATOIRE

SUR

L'ÉCONOMIE POLITIQUE ET SOCIALE

TRENTE-ET-QUARANTE

DÉVOILÉ

PAR J. JOUET DE LANCIDUAIS

Ancien officier supérieur
dans l'armée égyptienne, interprète démissionnaire
de l'armée française en Algérie

PARIS

CHEZ E. DENTU, LIBRAIRE-ÉDITEUR

GALERIE D'ORLÉANS, 13, PALAIS-ROYAL

1859

AVANT-PROPOS.

Un proverbe dit : Ne faites pas le loup
plus noir qu'il ne l'est.

C'est juste :

Mais que dirait-on si au lieu d'être noir
il était blanc?

C'est cependant ce qui a lieu pour le trente
et quarante, si dangereux en apparence, et
réellement si inoffensif.

Que ce soit le loup noir, la monstruosité
personnifiée pour l'ignorance et le préjugé,
comme le croque-mitaine pour les petits en-
fants, je n'en disconviens pas.

Mais le petit enfant grandit, et secoue la
peur ; croque-mitaine disparaît.

Maîtrisez l'ignorance, et secouez le préjugé: toute la fantasmagorie du trente-et-quarante disparaîtra.

Qu'est-ce en réalité? une composition donnée, fixe et invariable, qui, produit un effet analogue à sa force: effet qui dans tous les rouages de son mécanisme, est aussi mathématiquement régulier que la force mathématique qui le compose, et dont toutes les péripéties et variations, malgré leurs nombreuses modifications, sont toujours le résultat régulier de l'invariable force composante.

Ce n'est pas un jeu, il ne comporte ni adresse, ni intelligence: le tailleur n'a ni option ni influence; il est purement *homme machine.*

Ce n'est pas du hasard, puisque la force composante et productrice est parfaitement connue.

Déterminer le rapport de la cause à l'effet était toute la difficulté; cette difficulté, je l'ai résolue, cet ouvrage en est la preuve.

En le livrant à la publicité, j'éprouve bien une certaine crainte, car je ne suis point auteur; militaire une grande partie de ma vie, j'ai beaucoup plus manié l'épée que la plume.

Et comme les philosophes, je devrais dire à mes lecteurs : *non agitur de verbibus sed de reis.*

Mais je me rassure par la pensée éminemment consciencieuse d'être utile, d'avoir pour moi la vérité, de marcher au reflet de sa lumière, et de m'appuyer sur ses preuves, pour combattre l'erreur et éclairer le préjugé.

PREMIÈRE PARTIE

INFLUENCE

DE

L'ESPRIT ALÉATOIRE

SUR

L'ÉCONOMIE POLITIQUE

ET SOCIALE.

CHAPITRE PREMIER.

L'ALLEMAGNE EST A LA MODE.

Que va-t-on faire en Allemagne? C'est une émigration générale, une véritable course au clocher ; 7 à 800,000 personnes semblent n'attendre que le printemps pour s'y donner rendez-vous.

Prendre les eaux? Je ne le pense pas, les 19 vingtièmes de ceux qui s'y rendent sont de mon goût : ils préfèrent un verre de Champagne.

D'ailleurs, malgré les savantes analyses

qu'en ont fait les docteurs de *ces localités*, malgré les vertus merveilleuses, les propriétés générales qu'ils leur attribuent, et qu'ils présentent comme une panacée universelle, leur efficacité est encore un mystère.

Car la médecine n'est pas, comme la chirurgie, une science positive, elle ne connaît pas de spécifique : on ne cite que *le Kina et le mercure*. Et comment s'en servir? Ce ne peut être que par la prudence et l'observation ; car sur deux natures en apparence parfaitement identiques, ce qui fait du bien à l'une fait du mal à l'autre.

Cela ce conçoit, on ne trouve pas deux figures, deux sons de voix, deux caractères, deux estomacs semblables; tous les tempéraments sont différents ; la Faculté de médecine les classe bien en bilieux, sanguins, nerveux, pléthoriques, etc., mais ce sont des classements généraux; leurs mélanges, leurs combinaisons échappent à la science.

Toutes les eaux se ressemblent à peu près, tous les hommes aussi : on fait l'analyse des eaux, il y en a de potables, d'autres sont pernicieuses ; on ne fait pas l'analyse des hommes.

Quelles sont les causes qui vicient leur organisation ? Par quels moyens pourrait-on y remédier ? C'est presque toujours un problème.

Souvent après la mort, la science serait impuissante à le constater.

C'est encore moins le confortable ; il se résume en cuisine française et vins français.

Je sais bien que le dernier gâte-sauce allemand se dit cuisinier français ; que partout on vous offre la cuisine française et les vins français :

Mais goûtez-y ; dans le mieux, c'est germanisé, ça sent la contrefaçon, un véritable gourmet ne s'y trompera pas.

Si c'était le plaisir on se tromperait de route : Paris n'est pas seulement la métropole des sciences, des arts, des monuments et de la civilisation ; c'est aussi la capitale féerique des mille et une nuits ; impossible de décrire et de con-

stater tout ce qu'elle renferme de merveil-
leux.

Je ne parle pas de tout ce que le génie et
l'intelligence des autres nations rivalisent et
nous disputent, sous ce rapport nous ne
sommes pas au premier rang sans rivaux.

Mais sous celui des établissements de
plaisir, le monde ne créera jamais rien de
semblable, parce qu'il n'en aura jamais les
éléments.

Pour les détailler il faudrait des volumes,
pour les visiter il faudrait plusieurs mois:
on les trouve dans tous les quartiers intérieurs de Paris: à l'extérieur, il circonscri-
vent l'enceinte de ses fortifications.

Allez au bois de Boulogne, visitez le Pré
Catelan, c'est une création admirable: à
pied, à cheval, en voiture, vous vous pro-
menez au milieu des grottes, des lacs, des
cours, des chutes d'eau, des spectacles et des
concerts, des bals, des établissements fan-
tastiques, des cafés, des restaurants, etc.,
toujours au milieu des arbres, de la verdure
et des plus belles fleurs du monde.

Partez de ce point en contournant Paris,
et visitez chaque jour un de ses environs,
vous tomberez toujours de surprise en surprise, d'admiration en admiration.

Dans l'intérieur de Paris, commencez par
Mabille ; les becs de gaz disputent le sol aux
fleurs, vous croyez marcher sur une terre de
feu : vos yeux sont éblouis par le développement de lumière qui couvre les arbres et
contourne toutes les allées ; l'orchestre est
immense et de premier choix ; tout ce qu'on
a déployé de luxe et d'art dans cet établissement est indicible ; mais le bal, oh ! le bal,
c'est quelque chose de fantastique, et d'ini-
mitable !

Ce ne sont ni les danses grecques et es-
pagnoles, ni le frémissement arabe, c'est
quelque chose de mieux que tout cela.

Un composé de mouvements indéfinis,
sans règles ni principes, tantôt brusques et
saccadés, tantôt langoureux et mesurés, des
poses d'une indicible gracieuseté, d'une sou-
plesse incroyable ; abandon de jeunesse, appel au plaisir, oubli de la vie, ou ne recon-

naît plus la femme, on rêve les nymphes et les sylphides, les dryades et les amadryades, tout le catalogue de la mythologie.

Les Juifs ont repoussé le Messie, parce qu'ils le trouvaient trop mystique. Mais s'il était donné aux Turcs de considérer dans un miroir magique, une partie des splendeurs parisiennes, ils arriveraient en foule dans cette nouvelle Médine, et viendraient reconnaître le paradis du Prophète, ils voudraient en jouir avant d'aller au ciel.

J'ai dit que certains établissements frivoles de Paris étaient inimitables dans le reste de l'Europe ; un exemple le prouve.

Mabille fut mandé en Angleterre pour créer un établissement comme celui des Champs-Élysées : il s'y refusa. « Si j'amenais, répondit-il, un bataillon des bayadères qui fréquentent mon établissement, malgré les engagements contractés avec moi, elles seraient enlevées dans huit jours, et je ne pourrais les remplacer en Angleterre. »

Ailleurs, la femme du peuple qui oublie sa dignité, tombe, et s'abrutit. En France,

la même femme secoue l'étreinte de la misère, se jette dans une vie de frivolité et
d'excentricité, brave le présent et l'avenir.
se jette dans l'inconnu, mais l'abrutissement
lui fait horreur.

Elle devient grisette, lorette, duchesse ou
baronne de...., selon le quartier qui l'a vue
naître, et le milieu dans lequel elle se
trouve.

Elles sont en général fort jolies, et celles
qui ne seraient pas de première beauté, ont
un cachet de gracieuseté, de gentillesse.
d'élégance et de gaîté qui en fait le caractère
distinctif.

Pauvres créatures, elles sont plus à plain-
dre qu'à blâmer; beaucoup eussent fait de
vertueuses femmes, de bonnes mères de famille; mais sans ressources, souvent sans
famille, à peu près sans travail: que faire?
mourir de phthisie, de souffrance et de cha-
grin? Non, leur nature s'y révolte; un cri
frénétique est sorti de leur poitrine: c'est un
refoulement de la misère, de la souffrance
et de son entourage; c'est une insouciance de

tout ce qui peut s'en suivre : *Bibamus hodie cras morituri* : c'est un appel à l'inconnu sous tous ses travestissements possibles : s'il se pouvait, la grisette surgirait d'elle-même. comme le ver à soie, elle briserait son enveloppe, et nouveau papillon s'élancerait dans l'espace.

Ce n'est donc pas le confortable, le divertissement, ni les eaux qui entrainent la foule en Allemagne et la mettent à la mode ; car malgré les annonces si pompeuses dont les administrations de Hombourg, Baden et Wiesbaden remplissent les journaux, l'appel deviendrait inutile, s'il ne commençait pas toujours par les mots sacramentels : *Saison d'été. Saison d'hiver.*

C'est-à-dire, le trente-et-quarante et la roulette, le jeu avec tout son prestige !

Un appareil important grave et majestueux, des salons resplendissants d'ornements et de luxe, un personnel nombreux, des visiteurs des quatre parties du monde, des tables fort longues couvertes de 150,000 fr. d'or et de billets, des millions en réserve

pour soutenir l'attaque, une foule d'athlètes
plus ou moins cupides, courant après un
mirage, aspirant l'inconnu. L'inconnu, cet
idéal plus ou moins explicite de toute notre
existence, ce souffle divin qui nous vivifie,
cette émanation de la Divinité, tendant à
retourner vers son centre.

Cette idée innée, cette tendance vers
l'infini, est le foyer du feu sacré: c'est elle
qui vivifie l'ambition, qui porte à la gloire,
qui est l'âme des grandes actions, qui
perfectionne les sciences, crée des décou-
vertes inespérées, et fait marcher le pro-
grès.

Bien qu'identique, elle se modifie chez
différentes nations : chez nous, elle est inquiète, elle s'enflamme; dans l'Allemand,
méditative et studieuse; chez les Anglais,
flegmatique et tenace; mais dans les masses
elle est toujours la même, c'est l'espérance,
l'attente du lendemain.

Bien conduite, soumise à l'action pru-
dente et éclairée d'une bonne législation
c'est le nerf, la valeur d'un grand peuple;

mais en dehors de certaines limites elle devient dangereuse.

En France le peuple est roi, c'est l'Athénien de la nouvelle civilisation : il n'y a point d'entrave au mérite, à la capacité : le soldat sait que le bâton de maréchal est dans sa giberne ; l'ouvrier, qu'à son intelligence et ses perfectionnements est attachée la possession d'un atelier, d'une fabrique.

Aussi l'ardeur est incroyable, le soldat croisant sa baïonnette méprise le danger, et ne connait pas d'obstacles ; l'ouvrier veut tout faire et n'admet rien d'impossible ; c'est une pépinière de héros, d'hommes de génie : mais combien peu réussissent ! ! !

Et devant leur déception ils s'irritent de voir de grandes fortunes surgir comme par enchantement : c'est un homme hardi et téméraire, qui, trois fois ruiné, vient pour la quatrième fois de refaire sa fortune à la Bourse : c'est un banqueroutier, qui après plusieurs faillites par lesquelles il a porté le désordre dans plusieurs industries, occasionné des désastres à beaucoup de ses commettants vient enfin de réussir, et à raison de sa nouvelle position sociale, est inattaquable par ses créanciers et ses ayants droits : c'est enfin un industriel qui avec une valeur négative, et une imperturbable audace, s'est établi avec beaucoup de luxe et d'apparence, qui a obtenu de grands crédits, et a réussi avant qu'on put découvrir le vide de sa position.

Le jugement qu'on en porte est toujours le même : *Le voilà riche, dans ce siècle l'argent est tout.*

Le verdict du peuple n'est pas le même; l'ouvrier mécontent affirme que Proudhon avait raison, que la propriété c'est le vol, que les plus grands voleurs ne sont pas devant les tribunaux, qu'on ne l'épargnerait pas, lui, s'il volait une pièce de vingt sous, etc.

De là un frémissement dans les masses, chez les uns le désir d'arriver quand même, de gagner de l'argent, de parvenir.

Chez les autres, un déni de justice, une haine sourde contre la propriété.

Telle est la société, c'est son état normal, le point sérieux qui devrait attirer l'attention du législateur.

Un peuple calme, laborieux, qui met tout son génie, toute son intelligence à améliorer sa situation, dans les limites du *vrai*, de *l'honneur* et de *la probité*, qui sait que cette situation est nette, qu'elle ne peut faillir ; ce peuple-là n'est pas volcanique, il ne serait pas facile à déclasser, il opposerait une résistance de roc : l'action de la loi lui est douce autant que protectrice ; il est facile à gouverner.

Mais dans le cas contraire, si vous arrivez à une situation comme celle qui suivit la banqueroute de Law, comme celle qui précéda toutes les excentricités de la Bourse, des entreprises industrielles et d'actions avant 1848, vous vous trouvez en face d'une base sociale mal assise : le commerce est faussé, les positions sont négatives, le peuple qui vous sert, qui remplit vos fabriques et vos ateliers, au lieu de vous respecter, vous méprise et vous hait : il rêve un nouvel ordre de choses, il est prêt au combat ; malheur s'il trouve le prophète.

Je sais bien que le lion est dompté, qu'il est enchaîné ; mais c'est grâce à l'homme puissant, au génie providentiel qui nous gouverne : puissions-nous le bénir longtemps ! Le bénir aussi dans son fils ! dans ses descendants ! et pouvoir toujours dire : *Uno avulso, non deficit alter.*

CHAPITRE II.

FERMER L'ÈRE DES RÉVOLUTIONS.

On ne peut se dissimuler que nous avons traversé une époque critique, c'était la parodie à peu près exacte des plus mauvais temps de la République romaine, où les masses supérieures, enrichies quand même, pâlissaient devant le mauvais vouloir des masses inférieures, haineuses et ardentes : chez nous comme chez eux, surgissaient des Gracques, des Spartacus et des Catilinas, trouvant partout des prosélites et des cohortes à leur disposition.

Mais ils n'ont pas eu des écrivains comme les nôtres osant dire et proclamer *la propriété c'est le vol !*

C'était une excentricité bien exagérée sans doute, et qui, loin d'être morale, n'avait d'autre but que d'avilir, de discréditer les classes supérieures et de faire tomber devant le peuple ardent à leur renversement, les derniers scrupules qui pouvaient l'arrêter.

Mais si on examine avec impartialité une partie des ressorts de notre économie sociale. on est forcé de convenir qu'il y a bien quelque chose à faire ; que beaucoup de transactions financières et commerciales ne sont pas rassurantes. que l'opinion publique ne leur est pas favorable : et ne serait-ce que par amour-propre, et comme sauvegarde de sa dignité, beaucoup devraient saluer une réforme.

On parle beaucoup de la Bourse, on la calomnie horriblement : on va jusqu'à dire que c'est une caverne de voleurs, une forêt de Bondy (*sic*), que beaucoup de branches commerciales et industrielles présentent le vol organisé.

Tous ces propos sont propagés par des gens à intentions suspectes, je le crois, mais il me semble facile d'y remédier, surtout avec la main puissante et la généreuse initiative de S. M. et sa volonté bien connue : volonté qu'il a manifestée dans une occasion solennelle : « Contenir le cours des fleuves, fermer l'ère des révolutions. »

Pour fermer l'ère des révolutions, il ne s'agit pas de comprimer l'ordre social, il faut le régénérer, le moraliser, le rasseoir sur une base solide qui dissipe les inquiétudes du présent et rassure pour l'avenir : *ablatur causâ tollitur et effectus.*

Si toutes les transactions de la Bourse étaient forcément loyales, si celles du commerce l'étaient de même, si les faillites étaient presque impossibles, les catastrophes qui en sont la suite seraient très-rares, le chômage des ouvriers pour cause de fermeture de fabrique et de maison de commerce, cesserait d'être dangereux ; le peuple qui est bon juge saurait apprécier ce qu'il y a d'honorable et d'estimable dans une fortune acquise laborieusement, ou par la puissance du génie.

Le commerçant, le manufacturier et le financier, qui, par des fraudes et des catastrophes continuelles, ne se trouveraient plus déclassés, et en face des expédients, tien-

draient à être heureux et tranquilles, en
maintenant leur position ; ce serait de vrais
conservateurs.

Or, une société de véritables conservateurs
est une société bien assise, elle ne donne pas
d'inquiétude.

La Bourse est le lieu des transactions
les plus nombreuses et les plus considérables, c'est là que converge en quelque sorte
la fortune publique.

Tout devrait y être aussi loyal et aussi régulier qu'au notariat; eh bien! c'est tout le
contraire, tout y est mystérieux, ténébreux ;
c'est la bouteille à l'encre.

Peut-on jamais savoir quel est l'audacieux
malfaiteur qui vient tout-à-coup ébranler la
confiance publique, jeter la perturbation
dans le cours de la rente, absorber les petits capitalistes, semer la défiance dans les
esprits, et ennuyer le gouvernement ?

Les octrois à 1 fr. dont on a barricadé le
monument sont vicieux : ils ont multiplié
le nombre des courtiers qui du dehors au
dedans sont les intermédiaires entre ache-

teurs et vendeurs ; la responsabilité des agents de change est amoindrie.

On dit que la charge de ces messieurs se vend de 1,500,000 fr. à 2,000,000. L'intérêt de l'argent est immense, les frais généraux le sont aussi.

Malgré cela ils ont généralement un grand train de maison et font fortune : tous les capitalistes envient d'avoir une part dans leur charge, le dividende est toujours énorme.

Cela suppose quelques centaines de mille francs de bénéfice ! Cherche-t-on à les justifier ? Au contraire, on prétend qu'il s'écoule habituellement quelques jours entre la réception de l'argent de leurs clients, et la remise de la transaction.

Qu'ils se procurent ainsi un roulement de fonds considérables : que par suite les transactions sont à leur merci : qu'il leur serait toujours loisible de répondre : « Je me suis acquitté de vos ordres, » ou « Je n'ai pu satisfaire aux nombreuses demandes. »

Beaucoup de clients de leur côté finissent par laisser des découverts ;

« De corsaire à corsaire

« Ce n'est pas toujours à qui veut le mieux faire. »

Voilà bien des calomnies, j'en suis sûr : mais pourquoi ne pas couvrir *tant d'honorabilités* ?

Si on établissait une gazette générale des opérations de la Bourse, qui se vendrait à bas prix dans Paris et la province, qui relaterait complètement les opérations du jour, et donnerait par lettres alphabétiques le nom de tous les acheteurs et de tous les vendeurs, en citant l'agent de change qui aurait opéré la transaction, le nom de la valeur et le chiffre de son importance,

Cette publicité journalière empêcherait beaucoup de malheurs, et remédierait à beaucoup d'abus.

Les chefs d'établissements, de maisons de commerce, de fabriques, les pères de familles, les caissiers infidèles seraient forcés de s'abstenir. Si les opérations de coulisse étaient complètement nulles devant la loi, elles ne pourraient plus se faire qu'au comptant, et deviendraient très-difficiles.

On ne peut vendre ou emprunter frauduleusement sur une propriété, l'hypothèque étant le thermomètre à peu près exact de sa situation : l'acheteur ou le bailleur de fonds, peut toujours obtenir les renseignements nécessaires pour diriger son opération.

Pourquoi ne chercherait-on pas à organiser quelque chose de semblable sur la propriété commerciale ?

Cette hypothèque serait encore plus nécessaire que celle de la propriété foncière.

Parce que la transmission est beaucoup plus facile, beaucoup plus mouvante : forme un faisceau d'intérêts beaucoup plus compliqués, qui implique et peut peser sur la situation de beaucoup plus de personnes et influencer d'autant dans l'ordre et la tranquillité générale.

Souvent on entend dire « telle ou telle maison vient de manquer, il y a une vraie stupeur dans le monde financier. Le passif est de plusieurs millions; cette affaire aura des conséquences, elle entraînera dans son désastre plusieurs autres maisons, etc. »

Que de fabriques ressentent le contre-coup, que d'ouvriers auxquels on retranche le pain quotidien, et qu'on place en face des expédients.

Il en est de même dans le commerce et l'industrie ; la faillite jette toujours une perturbation parmi les ayants-droits, et fait un dommage plus ou moins senti chez l'artisan qui en devient haineux et malveillant.

Si, au centre de chaque arrondissement, on établissait un syndicat pour les sociétés industrielles, la finance et le commerce, où le chef de chaque opération industrielle ou financière, de chaque société, de chaque maison de commerce, serait obligé de venir préalablement déposer le plan ou mémoire de l'affaire ou opération en question, les fonds et ressources dont il dispose, les frais généraux, etc.

Il y a bien de grandes entreprises qui ont une initiative semblable auprès du gouvernement : mais, dès le principe, la direction peut prendre une fausse voie, et, après un laps de temps, ne présenter devant les tribunaux que des comptes inexacts, une gérance malhabile ou coupable, et un dividende ruineux pour ceux qui leur avaient donné confiance. Journellement le Palais de Justice en fournit la preuve, et constate la nullité de ces prétendus conseils d'administration, qui sont toujours composés d'hommes respectés du public, qui touchent 15 à 20,000 fr. d'appointements, et ne font réellement que patronner une gestion qu'ils ne surveillent pas et qu'il leur serait généralement impossible de surveiller.

Tout cela serait impossible si, tous les cinq ou dix jours, le directeur ou chef de chaque établissement de finance ou de commerce était tenu de donner au syndicat de son quartier la situation exacte de sa maison : actif, passif, frais généraux, et de la représenter journellement aux inspecteurs qui seraient chargés par le syndicat de la mission incessante de les contrôler

Les fabricants et fournisseurs ne pourraient être volés, la confiance dans les transactions serait grande, et malgré la modicité de son prix chaque renseignement et inscription constituerait, comme celui des hypothèques, un bon revenu pour le Trésor.

Certes, les grandes catastrophes financières deviendraient rares, car il serait impossible de dissimuler sa situation auprès des intéressés.

Les banquiers comme les autres seraient forcés d'enregistrer leur situation, et, d'après leur état général: actif, passif, frais généraux, etc., il serait facile d'apprécier le degré d'importance que la confiance publique pourrait prendre à leurs opérations.

En cela, comme en autre chose, il existerait une liberté complète ; on est toujours libre de mettre toute sa fortune à concourir aux entreprises de MM. Rotshchild ou de tels autres ; mais on le ferait par la confiance qu'on a de leur honorabilité.

Et on ne pourrait pas, *sans le savoir*, devenir la victime d'un adroit fripon qui dissimule sa position, ou cherche à se bien poser auprès du public pour en abuser.

On n'empêcherait pas davantage un fabricant d'établir un commis qui n'a pour tout avoir que son intelligence et sa probité : de même qu'il lui serait toujours loisible de ne pas fournir à crédit, à tel ou tel autre, qui semblerait, en s'établissant, offrir une garantie solide, mais qui, en réalité, n'offrirait pas les garanties de l'intelligence et de la conduite.

Au lieu d'en être entravée, la liberté commerciale et tous les genres de transaction deviendraient plus faciles, parce qu'ils présenteraient beaucoup plus de confiance ; et les étrangers auraient promptement une préférence privilégiée pour le commerce et les transactions françaises.

Beaucoup d'industries auraient particulièrement besoin d'être réglementées. Celle du vin, qui était un des plus beaux fleurons de notre couronne commerciale, tombé dans dans une désorganisation honteuse ; il est presque impossible de se procurer des *vins sans mélange :* souvent même ils sont *malsains.*

A Saint-Étienne, l'autorité saisit une fabrication complète où il n'entrait pas un grain de raisin.

Au lieu d'acheter du vin qui aura subi plusieurs manipulations, *l'étranger finira par le travailler chez lui.*

Qu'il soit défendu de vendre ou de transporter, soit en France, soit à l'Étranger, une barique de vin sans l'accompagnement forcé du passe-avant, avec lequel elle est sortie de chez le vigneron, et la fraude deviendra impossible.

Est-ce que les pièces de drap de Louviers, Sédan, Elbeuf, etc., ne se vendent pas avec la marque plombée de la manufacture d'où elles sortent ?

Ces moyens sont très-simples ; j'estime cependant qu'ils suffiraient pour redresser l'organisation vicieuse du commerce et de l'industrie, pour empêcher, entraver autant que possible la formation de toutes ces compagnies et créations frauduleuses, qui, par leurs faillites, jettent toujours le désordre et la perturbation dans les masses.

Car, en dehors des pertes matérielles, il y a l'effet moral qui en ressort pernicieux : c'est la scissure par où commence la désorganisation sociale.

Les uns perdent confiance et deviennent méfiants ; les autres y apprennent qu'il y a possibilité de tout faire avec rien, d'arriver quand même.

Que s'il y a des dangers, il y a aussi les succès ; des dangers qui ne sont pas irréparables, et des succès qui couronnent tout : qui entourent du prestige, de l'opulence et de la considération.

L'Empereur a dit : comprimer le cours des fleuves, fermer l'ère des révolutions.

Des digues ou des déviations empêchent le cours des fleuves d'être menaçant.

Mais pour empêcher une nation d'être dangereuse, il ne suffit pas de la comprimer, il faut la rasseoir dans un état normal, la guérir de cette fièvre pernicieuse qui a gagné les masses, qui porte à chevaucher par-dessus le droit et la légalité, à se jeter aveuglément *dans l'inconnu*, et à rester le plus souvent en face des expédients.

Je répète ce que j'ai déjà avancé : une société honnête et laborieuse est une société bien assise : elle courrait sus à l'homme que viendrait troubler ou menacer l'ordre, la tranquillité de son économie domestique : elle est et veut rester *conservatrice pur-sang*.

Celle, au contraire, dont une partie de ses membres est lancée dans l'excentricité des affaires peu honnêtes et hasardeuses, est une société mal posée, inquiète et remuante.

Chez elle, une révolution est toujours admissible, parce que pour beaucoup de ses membres, gens à position scabreuse, qui sont à la recherche de moyens d'arriver, un bouleversement est une occasion.

CHAPITRE III.

EFFETS DU JEU SUR LA CIVILISATION. COMPRIMER N'EST PAS DIRIGER.

Les Chambres eurent-elles tort de supprimer totalement les maisons de jeu ?

On dit en médecine : usez, mais n'abusez pas ; on pourrait dire au législateur : dirigez, mais n'étouffez pas.

Un gouvernement fort et régulier n'a rien à craindre des passions soumises à l'action publique de ses réglements et de son autorité.

Leur suppression, au contraire, est toujours dangereuse ; car, comme telle, sa nature ne change pas, mais réagit d'une manière *latente* et *pernicieuse*, sur les différentes classes et les différentes conditions sociales.

Tel a été l'effet du trente-et-quarante : le jeu supprimé a reporté son action aléatoire sur toute la société. Les jeux clandestins, les clubs, les estaminets surtout, avec leur torpeur paresseuse et leur *inconcevable laisser-aller*, se sont multipliés à l'infini : le soir, le foyer domestique est désert.

Un mouvement d'impatience fébrile s'est emparé du commerce, de la Bourse, et des différentes transactions : on brûle d'arriver, le temps, la patience et le travail ne sont plus les moyens sur lesquels on fonde ses espérances. On veut arriver *promptement* et *quand même*, sans faire toujours assez attention aux moyens : vous avez barré le cours du fleuve, comment arrêterez-vous ses infiltrations ?

Dans des intentions pures et morales, et très-certainement pleines de sollicitude pour ses sujets, S. M. le Roi de Prusse a manifesté aussi des intentions hostiles aux établissements de jeu publics.

On m'a même assuré qu'il avait interdit toute maison de tolérance dans l'intérieur de Berlin.

Idéalement c'est très-beau : mais pour dire que ce soit moralement aussi beau, il faudrait pouvoir apprécier quelle réaction l'effet a pu produire sur la population.

Car les Prussiens sont aussi une nation d'élite, sur le même plan de civilisation et dans les mêmes conditions vitales que nous.

Si le gouvernement Prussien eut défendu la bière et le tabac, l'effet eut été plausible et spontané, on eut été boire et fumer dans les champs, jusqu'à la frontière.

Dans d'autres genres, l'effet n'est pas apparent, mais en existe-t-il moins ? son action dangereuse en exerce-t-elle des ravages moins funestes ? Ce n'est point l'affaire d'un règne, le temps le prouvera.

En Orient, pays du fanatisme et du despotisme, on voulut très-sérieusement ne laisser aucune trace de femmes publiques et de jeu ; les chefs religieux, ulémar, imames, cheike-el-islams, etc., etc., réunirent leur crédit pour le même sujet.

La femme publique, en arabe *charametta*, en turc *rospou*, noms qui signifient dans les deux langues, *chiffon*, *linge sale*, fut bannie des grandes villes sous peine de mort. L'évacuation fut instantanée : mais où aller ? On campa en plein air.

J'ai fort longtemps habité l'Égypte ; j'y avais un commandement important. Identifié avec les hommes et les choses, parlant bien les langues, j'étais à même de recueillir des renseignements sérieux.

Ceux que je communique sont d'une grande exactitude.

Le grand Caire est situé sur le littoral du du désert : les 4/5 de sa circonférence y sont enclavés.

Dans les plis sablonneux de terrain que forme ce désert et à peu de distance des principales portes de la ville, s'organisèrent sous la tente des villages de débauche : il s'y rassembla des cafés, des restaurants, des musiciens, des conteurs (ils sont célèbres en Orient), et des gens de la plus dangereuse espèce.

L'affluence y fut grande : beaucoup de gens sérieux et distingués, qui se fussent bien gardés d'entrer dans des lieux sembla-blables au grand Caire, montaient à cheval, *tournaient le désert*, et s'y rendaient *incognito*.

Combien cet état de choses dura-t-il ? voilà ce que je n'ai pu savoir : dans un pays où le mariage et la naissance ne laissent pas même de traces, les dates sont les choses les plus difficiles à constater : toujours est-il que cela dura longtemps, et que ce temps suffit pour démoraliser le pays.

Comme tout le monde n'avait pas le loisir de sortir des grandes villes, et que dans les petites villes l'occasion n'existait pas, que les harems ou sérails qui représentent nos intérieurs de famille sont sacrés et inabordables (on ne reçoit jamais en Orient que dans les divans ou salemkils), la passion comprimée dut se faire issue, et cela eut tristement lieu : les jeunes garçons devinrent à la mode, le vice gagna toutes les classes indistinctement et dure encore : c'est si révoltant, qu'on aurait de la peine à le croire, si, témoin de cette déplorable situation, je ne l'affirmais : et, parmi les personnes qui ont habité l'Orient, nul ne pourrait me contredire.

Les grands qui ont 100, 200 et 300 femmes achètent à grands frais des esclaves Géorgiens et Circassiens pour lesquels ils ont des passions fabuleuses.

Et dans l'intérieur des grandes villes, on trouve des bains de jeunes garçons, *gutt hammam*.

Bien d'autres malheurs furent la conséquence *latente et inconnue* de ces camps de débauche.

Beaucoup de personnes disparaissaient sans laisser de traces.

Dans un pays sans publicité, où le voisin est complètement étranger à ce qui se passe chez son voisin, où la police est presque nulle, cet état de choses pouvait durer longtemps.

Mais voici ce qui arriva : un mameluck, esclave favori d'un homme puissant, disparut : le maître, inconsolable, fit tout ce qu'il était humainement possible de faire pour le retrouver : mais tout fut inutile. Enlin, un de ses camarades se souvint lui avoir entendu dire qu'il irait chez les femmes : à cette révélation, les informations les plus minutieuses furent ordonnées, et le cadavre fut trouvé dans une citerne qui en était comble.

Les différents cimetières qui entourent généralement les grandes villes orientales avaient reçu aussi une prodigieuse quantité de cadavres.

Quiconque avait une ceinture pleine, selon l'usage turc et arabe, était étranglé pendant la nuit.

À partir de cette époque, la législation changea ; mais l'immoralité était répandue dans les masses, le mal était fait, et c'est très-certainement la cause du peu de population en Orient.

Dans le même pays, la répression du jeu produisit à peu près les mêmes effets : il est très-simple en Orient et consiste à tirer les cartes l'une après l'autre : si la carte demandée arrive la première, son partner gagne : dans le cas contraire, c'est celui qui

fait la banque : ce jeu s'appelle *Kelidje-
ouiou*, jeu du sabre.

Il avait lieu au Caire dans les cafés, dans
les carrefours, dans les magasins de certains
bazars, et quand le public était nombreux
autour de la citadelle.

Après la répression, les joueurs s'écartè-
rent dans le désert, dans les nécropoles des
cimetières.

Nécessairement, il arriva des discussions,
des rixes, et souvent aux cartes succédèrent
le pistolet et le yatagan ; plusieurs luttes
furent sanglantes.

On parle encore de la fameuse nécropole
Matérië, où un millier d'hommes se trouvaient renfermés : l'action fut chaude, une
vingtaine d'Albanais avaient perdu leur argent, leurs armes, *abbaïe*, *autérie*, tout, ex-
cepté le pantalon.

Quand la discussion s'enflamma, il sor-
tirent et fermèrent les portes : alors un mas-
sacre complet, une véritable boucherie s'en
suivit, huit cents furent tués, les autres plus
ou moins grièvement blessés.

Dans l'armée, le jeu est beaucoup plus répandu qu'en Europe : après l'exercice et les gardes, soldats et officiers ne savent ce que devenir ; ils n'ont que la pipe et le café, dont la monotonie devient fastidieuse dans un pays où l'accès dans les familles est interdit, où les mille et une distractions de notre civilisation manquent, et où la chaleur excessive ne permet guère de sortir une partie de l'été. L'homme est cloué dans sa tente, il joue ; après l'argent, les habits, les armes, etc. J'en ai vu de curieux exemples.

En voici un, dont j'ai presque été témoin, et dont je connaissais les acteurs :

«Un capitaine Bosniak avait un bonheur si extraordinaire, qu'il avait littéralement spolié deux régiments.

« Cette affaire faisait du bruit, c'était la conversation du camp.

« Un jour Ibrahim-Pacha le fit appeler, il se nommait Kalil-Aga. — « Kalil, lui dit le
« pacha, ta fortune est royale, j'en suis ja-
« loux ; tu as ruiné tout le monde, ruine-
« moi ou succombe. — Combien as-tu ? —

« Votre Altesse, Dieu m'a donné tant. —
« Comment ! Dieu t'a donné tant : ne sais-
« tu pas que le Koran défend le jeu ? —
« Si, Votre Altesse, et c'est pour cela que
« je ne veux plus jouer, et c'est aux pieds
« de Votre Grandeur que j'en fais aujour-
« d'hui le serment au Prophète. — Non !
« non, pas aujourd'hui, demain si tu veux :
« et, en attendant, à nous deux, ruine-moi
« ou succombe. — Kavas, des cartes. » A
cet ordre du Pacha, on apporte des cartes
et la partie commence. Elle dura longtemps, et la fortune du Bosniak fut constante : on racontait même mystérieusement
qu'il avait gagné des sommes fabuleuses, et
que si cet espèce de duel eût été régulier,
le Pacha eût été vaincu ; mais, hélas ! c'était
le pot de terre et le pot de fer, l'infortuné
capitaine succomba.

« Malheureux ! lui dit le Pacha, rouge
« de colère, peut-être aussi de honte et de
« jalousie, tu viens de tout perdre, jusqu'à
« ton sabre, comme tu avais gagné plu-
« sieurs de ceux de mes officiers, qui sont

« aussi ruinés. — Que te reste-il ? — Votre
« Altesse, il me reste votre pardon, *aman.*
« je n'ai plus rien.

« — Si, si, il te reste quelque chose ; tiens,
« prends cette corde, et fais-en bon usage. »
Effectivement, il se pendit. »

Dans ces belles contrées demi-barbares, et
dans notre monde civilisé, les effets de passions comprimées ne peuvent être semblables ;
mais, dans l'espèce, ils ne diffèrent pas.

Dans nos salons clandestins, où règnent
la politesse et l'urbanité, d'adroits filous de
bonne compagnie, entourés de femmes char-
mantes et agaçantes, tuent et ruinent l'a-
venir des jeunes gens de famille qui, au
lieu des riches espérances qu'ils promet-
taient, n'ont plus qu'un nom dont ils commencent par user le crédit, et puis ils finissent par se jeter à tort et à travers dans
toutes espèces d'entreprises.

C'est mourir *moralement* d'espoir et d'a-
venir, manquer à la patrie, à la famille.
C'est la perte *physique* des hommes de la
nécropole *Matérië.*

C'est l'analogie historique du trente-et quarante; ce pauvre proscrit, le prestige s'attache à lui, c'est le fruit défendu, il devient à la mode, les populations viennent de tous côtés lui apporter leur tribut : pour lui, on oublie la beauté de l'Italie, les merveilles de la France. L'Allemagne est le point central de réunion.

Nos hommes les plus puritains, beaucoup de nos financiers, de nos hauts commerçants qui eussent rougi dans une maison de jeu à Paris, se font voler dans des cercles *bien composés*, et *contournent* la *frontière* pour aller... *aux eaux*. S'ils trouvent une connaissance dans les salons de Hombourg, Bade ou Weisbaden, ils retirent promptement l'or qu'ils ont sur le tapis et demandent des renseignements sur la localité dont ils n'avaient pas la moindre idée : ils sont entrés *pour voir*.

Néanmoins, ils font le pèlerinage de tous les salons de banque et rentrent en France par la Belgique.

La même chose a eu lieu à Aix, en Savoie, où une coterie ministérielle a ordonné la fermeture des jeux d'Aix.

Proscrit du Piémont, le trente-et-quarante a replanté son drapeau à Genève et à Monaco.

A Aix, il y avait défense expresse à tous les Savoyards et Piémontais de jouer : des commissaires spéciaux y tenaient sévèrement la main. Maintenant, ils passent la frontière et sont très-nombreux à Genève et à Monaco.

On a donc eu tort de supprimer les jeux de Paris ; il fallait les réglementer, n'en tolérer l'entrée que sur présentation, et n'en permettre l'ouverture qu'à huit heures du soir, époque où tous les grands établissements de finance et de commerce sont fermés.

Si une ou plusieurs maisons fussent restées publiques et tolérées pendant la nuit, sous la vigilance de la police,

Les mises pouvaient être si exiguës, et le public en eût été si hétérogène, pour ne pas dire plus, que c'eût été plutôt un remède qu'un aliment pour la passion du jeu,

Comme l'ivresse des Ilotes était chez les Spartiates un remède contre l'ivrognerie.

Parce que le jeu peut être dirigé et non comprimé; c'est la passion dominante, le premier besoin. L'enfant joue au berceau, le vieillard dans son lit, le soldat au corps de garde, le monarque au palais. C'est l'expression de Cicéron pour les lettres : *Juventutem alunt, senectutem delectant.*

Étouffez ce besoin dans toute la mesure de répression possible, il se reproduira sous d'autres formes, se multipliera à l'infini, reportera sa passion dans le commerce et les transactions sociales, leur donnera un essor anormal, un esprit ardent et aléatoire, qui ne leur permettra pas de se rasseoir dans la position calme du devoir, du travail et de l'honneur.

Sous le rapport financier, la suppression des jeux fut pour Paris et la France une véritable calamité.

Le flot d'étrangers qui se porte en Allemagne, se dirigeait autrefois vers Paris ; ils y laissaient une prodigieuse quantité d'argent, achetaient beaucoup d'objets de luxe et répandaient l'aisance dans le commerce et l'industrie.

Maintenant, c'est le contraire, ce sont nos compatriotes qui vont porter leur argent en Allemagne.

On porte le chiffre des étrangers qui font le voyage du Rhin pendant la belle saison, à 7 ou 800,000 personnes.

On m'a assuré que le chiffre était exact. Sans parler des milliers de Français qui vont porter leur argent en Allemagne, supposons que le quart seulement de ces étrangers vinssent à Paris, au lieu d'aller visiter les établissements de jeu qui mettent l'Allemagne à la mode, et admettons le plus petit chiffre, 200.000 personnes à mille francs par tête, c'est deux cent millions de francs.

CHAPITRE IV.

LES SYSTÈMES DU TRENTE-ET-QUARANTE.

Cent mille joueurs de trente-et-quarante, cent mille systèmes ;

Car l'aberration de l'esprit humain est complète, quand une fois il se jette dans le vide :

Il parodie l'astrologue, l'alchimiste, et le nécromancien ; toujours le même stimulant, la recherche de l'inconnu.

L'astrologue le cherche dans les astres ;

Au lieu de reconnaître l'action du créateur, de courber la tête, et d'admirer sa puissance, dans l'accomplissement des faits de sa providence ; il veut en trouver la nécessité dans la marche, ou le mouvement de certaines constellations ; il prend l'effet pour la cause, se jette dans l'absurde, se rapetisse jusqu'à l'assimilation du sauvage, qui déifie une planète parce qu'elle en éclaire une autre.

C'est la même chose dans le joueur de trente-et-quarante ; il s'égare à expliquer la complicité des effets, sans chercher à en approfondir la cause :

De là mille créations de plus en plus ridicules, milles échafaudages établis dans le vide.

Je ne voudrais pas me charger de les énumérer ; et ma raison s'y refuserait : je n'ai pas l'habitude de dire avec le poëte : « des folies du temps je compose mon fiel. » je suis indulgent, et c'est le cas ou jamais : car il y a un principe de vérité, dont tout le monde a l'instinct, l'intuition inexplicite, principe reconnu par Napoléon Iᵉʳ quand il a dit : « ne vous occupez pas du jeu, c'est « une affaire purement mathématique, les « mathématiques tueront le jeu. »

Reconnu par Laplace, Pascal Bernoullier et tant d'autres savants mathématiciens.

Or, quoi de plus attrayant que de suivre les idées du grand homme, les travaux de nos hommes les plus exercés dansles sciences exactes, surtout quand à part le renom, le résultat doit être une fortune, *quelques millions*.

Mais, tout en proclamant l'indulgence, je ne puis oublier que je me suis donné une tâche à remplir, la mission consciencieuse de me rendre utile, d'éclairer l'erreur et de combattre le préjugé.

Le plus grand danger est pour ceux qui s'en rapportent à des expériences de cabinet, toujours basées sur l'ignorance et le vide.

Ces gens vous disent avec une confiance étonnante, j'ai étudié cette marche trois mois, ses résultats ont été les mêmes.

Voici l'explication générale pour tous ces systèmes, sous quelques formes, sous quelques variations qu'ils se reproduisent, et qui plus ou moins modifiés, sont cependant toujours dans les mêmes conditions.

Il y a dans tous les coups de trente-et-quarante, un équilibre corrélatif absolu: impossible d'y trouver des probabilités plus grandes, ou des impossibilités.

L'absence apparente d'une figure, ne fait défaut que parce que le temps de sa révolution n'est pas accompli : et parce que vous ne l'avez pas rencontrée dans le cours de vos expériences : n'en concluez pas que vous n'eussiez pas dû la rencontrer, et que vous ne commencerez pas par la rencontrer au moment où vous recommencerez.

Par exemple, si vous opérez sur la figure, ou révolution du coup de 15.

Son arrivage ou révolution ne peut avoir avoir lieu que dans 32.768, coups : parce qu'il peut prendre autant de figures, ou représenter autant de formes, et que son équilibre absolu avec les coups inférieurs et supérieurs ne pouvant avoir lieu que dans un an, l'expérience que vous avez faite n'est autre qu'une sécante dans l'infini : c'est-à-dire une ligne que vous avez coupée dans l'infini des sorties du trente-et-quarante, ou vous n'avez pas trouvé la figure de 15 sous telles ou telles variations, et qui, pouvait avec plus ou moins de distance se trouver avant le commencement et à la fin de votre sécante.

En tirant 1000 coups de trente-et-quarante par jour, chaque figure ou forme du coup de 15 peut se présenter dans la moyenne de trente-deux jours ; et leur équilibre relatif absolu seulement dans la moyenne de quatre ans.

Toute expérience du coup de 15, en dehors de ces proportions, est donc un calcul dans le vide.

Dans 1000 coups de trente-et-quarante, il y en a 920, qu'il est toujours facile de classer avant le tirage, parce que ce sont des coups racines, dont la révolution périodique est immédiate, et dont l'équilibre relatif absolu doit se reproduire forcément et mathématiquement dans ces 1000 coups, peut-être même deux ou trois fois : cela dépend de ce qui a précédé la sécante de ces 1000 coups, et de ce qui peut la terminer.

Mais il y en a 80 sur 1000 qui sont inattaquables, et sur lesquels il serait d'autant plus impossible de placer une base d'opération, qu'il s'en trouve, tels que les coups de 20, 25, 27, etc., dont le simple arrivage ne pourrait pas se préciser dans la vie de plu-

sieurs hommes, et dont la révolution périodique demanderait des siècles (figure 6,
page 45.)

Aucun banquier depuis 50 ans n'a vu ni
entendu dire qu'il fût sorti 27 rouges, ou
27 noirs consécutives ; leurs prédécesseurs
eussent pu en dire autant.

Ainsi toutes ces myriades de systèmes,
si différents en apparence, et en réalité
toujours les mêmes, offrent toujours la
même conséquence ; *une opération fausse.
en ce qu'elle porte sur une base mal calculée,*
parce que la sortie qu'elle représente n'a
pas une révolution analogue au *temps de
l'attaque.* et le plus souvent à *la somme que
l'on emploie.*

Je donne pour exemple le coup de 10,
qui présente 1024 variations, et dont la
proportion de sortie régulière est d'une fois
par jour: la révolution d'équilibre absolu
avec les autres sorties demande 35 jours.

L'opération qui prendrait sa sortie pour
base, serait vicieuse et impossible : parce
que. si elle le trouvait deux ou trois fois dans

un jour, elle pourrait aussi être deux ou trois jours sans le rencontrer, et comme son équilibre *relatif absolu*, ne pourrait être infaillible que dans le développement de 35 jours, il faudrait une somme très-importante pour pouvoir obtenir sur toute cette sortie une différence toujours assez forte pour *gagner*, en neutralisant *le refait*.

Pendant que les jeux existaient à Paris, il y eut une école de calculateurs, qui s'occupa beaucoup de la mutualité des sorties du trente-et-quarante.

Dans les sociétés d'assurances, cette idée est parfaite, le concours de tous les assurés bien que dans une légère proportion, suffit pour couvrir le désastre de l'un d'eux.

Mais ce concours ne se fait pas attendre, tous les assurés payent leurs primes aux mêmes époques :

Au trente-et-quarante, il n'en est pas ainsi ; beaucoup de sorties se faisaient attendre des mois, des années, tandis que d'autres offriraient journellement la même révolution périodique : la solvabilité réci-

proque des sorties était donc une absur-
dité :

Parce qu'elle était basée sur l'ignorance,
où le hasard des sorties.

L'ascendance et la dominante du sieur G...,
est plus facétieuse encore ; qu'est-ce que c'est
que cette création vaporeuse, dont on ne peut
donner aucune raison d'être ; que ce corps
fantastique dont il est impossible de déterminer le commencement et la fin ?

Si l'idéaliste avait dit que c'était une veine
heureuse, on lui répondrait que c'est tomber
dans le domaine de l'inspiration, et que
chacun peut expliquer sa Bible.

Mais il finit par donner des explications
à sa manière. Selon lui l'ascendance et la
dominante vont croissant comme la population, et même, dans cette croissance de
population, les mâles (il veut dire les en-
fants mâles), ont encore une ascendance
marquée sur les femelles.

Il est bien vrai que la population va toujours croissant ; et il se pourrait encore que
le nombre des garçons surpassa quelque-

fois celui des filles, mais ça ne peut-être qu'accidentel et insaisissable, et jamais un homme sérieux ne pourrait y ajouter foi sans que cela fût constaté par une preuve physique ou mathématique.

Ce qui est d'autant plus impossible et absurde, que si on admettait une hypothèse semblable, l'ascendance des garçons sur les filles, à partir du Père Adam, aurait rendu les femmes excessivement rares ; et très-heureusement on ne s'en aperçoit pas.

Mais qu'elle comparaison établir entre le mouvement crescendo de la population, dont la base ne représente jamais la même assiette, et la force productrice et motrice du trente-et-quarante, qui, dans tous les siècles des siècles restera invariable, 312 cartes, 156 rouges et 156 noires, formant ensemble 2040 points.

Pour corroborer son assertion, l'auteur fournit 40,000 coups de banque (c'est-à-dire de trente-et-quarante), relevés par lui.

Mais ce brave homme est complètement sourd, et il lui est positivement impossible d'entendre la voix du banquier annonçant rouge et noir sans commettre de fréquentes erreurs.

Pour y rémédier et éviter tout contrôle, il ne marque pas comme les autres ; au lieu d'inscrire les tailles de haut en bas, il les inscrit de gauche à droite.

Est-ce la même chose ? non, très-certainement non, car les tailles étant inscrites en travers, les coups ne se trouvent formés que par la perpendiculaire de la généralité des tailles, au lieu de se trouver formés par l'émission d'une taille de 27 coups provenant de 312 cartes formant 2040 points.

Et une opération sérieuse ayant pour base les coups de trois, ou de quatre, devrait au début de chaque séance perdre une heure pour attendre la formation de la sixième taille sur les trois premières.

J'avais donc raison de dire que, lancé dans le vide, l'égarement de l'esprit n'a pas de limite.

A part tous ces systèmes, qui n'ont aucune chance de succès parce qu'ils sont

établis dans le vide sur des bases d'opérations erronées et sur des calculs conséquem-
ment vicieux, il existe d'autres causes très-
fatales aux joueurs : le défaut de conduite,
la superstition et l'orgueil.

Le défaut de conduite est immense ; souvent une personne qui semble avoir beaucoup de caractère et d'aplomb, en manque,
se laisse emporter, ou paralyse son opération
sous l'impression d'une hésitation nuisible.

Une opération contre une banque de jeu
doit se faire avec le calme et le sang-froid
du cabinet ; souvent j'ai pensé qu'il était plus
difficile de trouver l'homme que l'argent.

Les Anglais, avec leur *calme* et leur *téna-
cité* leur caractère *ferme* et *persévérant*, seraient beaucoup plus redoutables aux banques de jeu que nous.

La superstition est d'autant plus dangereuse, qu'elle est inhérente à notre nature.

Nous comprenons une influence supérieure, que nous ne pouvons ni spécialiser,
ni apprécier ; sous son action latente et
mystérieuse, nous devenons ombrageux et

craintifs; nous nous créons des fantômes. C'est le vendredi qui nous portera malheur; c'est le nombre treize, dans une réunion de convives, qui causera la perte de l'un d'eux; c'est un mauvais rêve, une mauvaise rencontre, etc.

J'ai vu de vieux joueurs vaincus dans leurs recherches, et qui, très-désappointés de n'avoir jamais rien trouvé de bon, jouaient toujours par passion, n'ayant d'autre règle de conduite que leurs inspirations et plus ou moins de prudence. Mais tous étaient complètement écrasés sous le manteau de la superstition, et c'était leur écueil.

L'un ne pouvait voir la figure de tel banquier; l'autre ne pouvait gagner sous telle coupe, il était sûr qu'elle lui porterait malheur, que tout ce qui arriverait serait contraire à ses inspirations; un autre enfin, ne devait pas jouer dans la journée parce qu'on était allé lui emprunter de l'argent le matin, comme si une bonne action devait porter malheur.

Ils veulent s'abstenir, mais ils ne s'abs-

tiennent pas; ils vont au jeu sous cette
préoccupation craintive, et ne manquent pas
de lui attribuer tous les coups qui leur sont
contraires; ils s'irritent et finissent par s'emporter; le résultat ne se fait pas attendre.

C'est l'histoire du héros macédonien, qui
veut braver la prédiction de sa mort en entrant à Babylone; en apparence il brave
la superstition; mais, en réalité, il reste
sous le coup de son impression douloureuse
et craintive.

Pour s'étourdir, il s'abandonne à l'ivresse
et trouve la mort dans une honteuse orgie.

L'orgueil n'est pas moins nuisible : j'en
ai vu de singuliers exemples. Les Russes
s'y font principalement remarquer : beaucoup arrivent en Allemagne avec des crédits
illimités et jouent l'or absolument en grands
seigneurs; une foule avide les contemple,
c'est un vrai spectacle; on est émerveillé
de voir perdre avec tant de profusion et de
laisser-aller des monceaux d'or que l'on est
beaucoup plus accoutumé à apprécier. Les
femmes sont en admiration; j'en ai vu de

faibles, à l'air maladif, qui, pressées dans la foule, restaient debout des heures entières.

Ces Russes ont la réputation d'être les premiers joueurs du monde et d'être les seuls à gagner de l'argent.

« Ce n'est pas étonnant, dit-on, ils sont si riches. »

Riches, je le veux bien ; mais joueurs habiles, non. Leur jeu est tout ce qu'il y a de plus défectueux, de plus dangereux.

Je vais le prouver d'une manière claire et précise, mathématiquement irrécusable.

Ils jouent le paroli sur la *série* ; or, à la hauteur où ils cherchent le paroli, leurs mises, arrêtées par le maximum de la Banque, ne sont plus payées que la moitié, le quart ou le huitième de leurs valeurs ; ensuite ils *perdent le dernier coup*.

Prenons pour exemple le coup de 14 : il représente une figure ou difficulté de sortie de 16,384 : la moyenne de sa révolution périodique est donc de 16,384 coups de trente-et-quarante.

On tire 1,000 coups par jour: on est donc dans la probabilité de le trouver deux fois par mois. Je dis dans la probabilité, parce que ce coup, d'une portée ou révolution périodique de 16,384 coups, peut être 60,000 coups sans sortir, de même qu'il peut sortir trois ou quatre fois dans un mois.

Et que son équilibre relatif absolu ne pouvant avoir lieu que dans l'espace de deux ans, toute opération basée sur cette figure est une opération dans le vide, irrationnelle et mal calculée.

Attendu qu'on pourrait la miser tous les jours plusieurs heures, pendant six semaines, deux mois, sans la rencontrer: comme il pourrait se faire qu'on la rencontrât deux ou trois fois pendant ces six semaines, en se trouvant précisément au jeu au moment de son arrivée.

Mais enfin, admettons une oscillation équilibrique parfaite, pendant six semaines, et l'apparition de trois coups ou séries de 14.

Admettons encore que le joueur eut misé 16,384 fois et trouvé une série de 14.

Tout est dans l'état le plus normal possible; il a parcouru et misé le développement de coups nécessaires pour l'arrivée périodique du coup de 14, et il l'a obtenu.

Qu'a-t-il perdu? que gagne-t-il? ou plutôt quel est le résultat de l'opération?

Le coup de 14 présente 16.384 figures ou variations, il est arrivé dans sa moyenne périodique.

C'est-à-dire qu'il a absorbé 16,384 louis avant d'arriver, et que sa 16.384ᵉ figure ou variation, représentant la série 14, où le coup recherché n'a pu gagner en se doublant sur ses 16,383 autres figures ou variations, que 1.711 louis au lieu de 16,383, parce que la Banque de Bade, qui a prélevé en détail 16.383 louis sur toutes les figures ou variations du coup de 14, autres que la série, ne paye la sortie de cette série intégralement que jusqu'au 10ᵉ coup. Le maximum de 300 ou 400 louis, selon la localité arrêtant la marche de l'opération, ne permet pas aux derniers coups de rapporter des rentrées proportionnelles aux déboursés.

FIGURE 1.

La mise d'1 louis par le coup d' . . . . 1 forme   1 louis   1
La même mise par le coup de. . . . . 2 —   2   2
La même — par le coup de. . . . . 3 —   4   4
La même — par le coup de. . . . . 4 —   8   8
La même — par le coup de. . . . . 5 —   16   16
La même — par le coup de. . . . . 6 —   32   32
La même — par le coup de. . . . . 7 —   64   64
La même — par le coup de. . . . . 8 —   128   128
La même — par le coup de. . . . . 9 —   256   256
Mais arrêtée par le maximum elle ne gagne au coup de 10 que   300* au lieu de   512
   toujours arrêtée par le maximum au coup de. . . 11 que   300 —   1024
   —   au coup de. . . . 12 que   300 —   2048
   —   au coup de. . . . 13 que   300 —   4096
   —   au coup de. . . . 14 que   300 —   8192

     Total de rentrée. 2,011

          avec un découvert de   16,383

* 300 ou 1000 selon la localité; il y a des banques qui ont porté leur maximum à 400 louis, d'autres ne payent pas au-dessus de 300 louis.

Nous trouvons donc, sur le coup de 14 que nous avons pris pour exemple, une rentrée de 2,011 louis sur un découvert de 16,383 louis provenant du même coup de 14, avec le même développement, les mêmes proportions, à chances parfaitement égales. Maintenant le coup de 15, prélevant encore sur cette masse de 2,011 louis une somme de 300 louis, il ne reste en réalité que 1,711 louis de rentrée sur une perte de 16,383.

Il en serait de même pour toutes autres figures que celle de 14 : la rentrée serait toujours annulée au 10ᵉ coup par le maximum, et perdrait toujours au dernier coup.

Le refait joue aussi une grande importance, car, par son arrivée, il prélève la moitié de la somme, et tout en admettant le gain du coup suivant, il n'en est pas moins vrai qu'il absorbe tout un payement.

Mais ne prenons pas le plus mauvais côté de la médaille, et supposons notre joueur assez heureux pour ne pas trouver de *refait*, il n'en est pas moins vrai, *mathématique-*

ment vrai, qu'au lieu de jouer comme les autres *cent pour cent*, il joue sur une base de 1,711 louis contre 16,383 louis; je ne veux pas m'arrêter comme règle et preuve absolue à ce dividende du coup de 14, car je ne l'ai pris que comme base de démonstration.

Ces messieurs jouent généralement tout le développement de la série jusqu'au coup de perte, et mes calculs, basés aussi sur tout le développement de la série (*compris le refait*), m'ont fourni la preuve parfaitement évidente que chaque louis, qu'ils misaient pendant tout leur séjour dans un Casino quelconque, n'était jamais payés plus d'un *franc* chacun.

C'est-à-dire qu'ils jouent **20** *fr. contre* **1** *fr.*

J'ai vu de ces messieurs sortir des salons, emportant 20 ou 30.000 francs de gain, être l'objet de l'enthousiasme général; on n'entendait qu'un écho, le prince ou le comte tel a fait sauter la banque. Ses amis répondaient : « Oui, il a fait sauter la banque, « mais ça lui coûte cher, il perd encore plus « de 50.000 fr. »

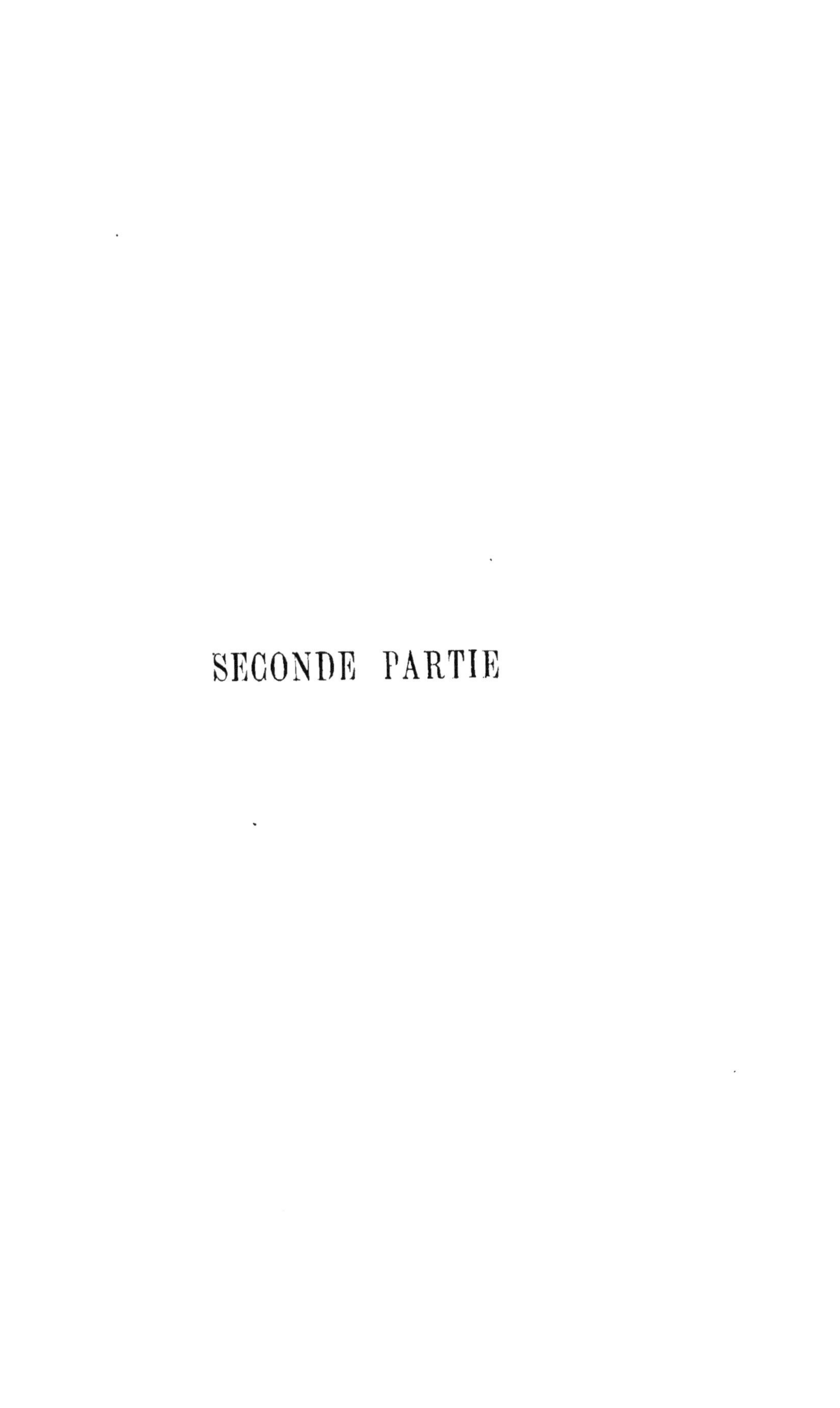

SECONDE PARTIE

LE TRENTE-ET-QUARANTE

DÉVOILÉ.

LE TRENTE-ET-QUARANTE N'EST POINT UN JEU DE HASARD :
IL N'EST NI JEU NI HASARD.

C'est une erreur d'appeler le trente-et-quarante jeu de hasard :

Il n'est ni jeu ni hasard.

Il n'est pas jeu puisque celui qui en opère le mécanisme ou tirage, ne peut ni choisir les cartes, ni influencer sur leurs combinaisons : un rouage mécanique quelconque pourrait le suppléer.

Il n'est pas hasard, puisqu'il provient d'une composition parfaitement *connue* et *appréciée* dont il n'est que l'*effet*.

Qu'est-ce que le hasard ? Une chose indédéfinie, sans cause primordialement connue, qui ne se soumet pas d'avance à l'appréciation mathématique, et qui ne peut ni

s'exclure ni se restreindre de certaines limites.

Pour moi le trente-et-quarante n'offre
rien d'analogue : il a pour cause une *combinaison fixe et invariable, parfaitement connue :* (312 cartes, 156 rouges et 156 noires
formant ensemble 2,040 points.) Et le mécanisme ou tirage qui en résulte. compose
ce que j'appelle des coups « *produit nécessaire d'une composition donnée.* »

Ces coups. *produit nécessaire d'une composition donnée* fixe et invariable, c'est-à-
dire d'une force motrice permanente, qui
n'est pas sujette à l'influence de la subtilité
ou de l'adresse. sortent avec une régularité
périodique, *égale à leurs difficultés :* ce qui
signifie un nombre de figures sous la forme
desquels ils peuvent se représenter. et se
combinent entre eux dans un parfait équilibre.

Je distingue deux sortes d'équilibre :

L'équilibre périodique. qui tient à la nature de chaque coup. c'est-à-dire, qui doit se
produire dans une moyenne égale au nombre

de figures ou variations sous la forme desquelles il peut se représenter.

Par exemple le coup d'1 présente deux
figures ou variations : donc son équilibre
périodique est dans la même proportion
$1 - 1 = \frac{1}{1}$ * : c'est-à-dire une rouge, moins une
noire ou une rouge divisée par une noire.

Le coup de 2 présente quatre figures
en variations ; donc son équilibre périodique
doit se produire dans la même proportion   1 : 3

Le coup de 3 présente huit
figures ou variations : donc
son équilibre périodique doit
se produire dans la proportion
de   1 : 7

Le coup de 4 présente seize
figures ou variations : donc son
équilibre périodique doit se
produire dans la proportion de   1 : 15

Le coup de 5 présente trente-

---

* Il serait difficile de trouver une formule qui exprimât
plus exactement la vérité.

deux figures ou variations ; donc sa révolution périodique doit se produire dans la proportion de   1 : 31

Et ainsi de suite pour le coup de 6 qui présente soixante-quatre variations ou figures, et dont l'équilibre périodique est de   1 : 63

De celui de 7 dont la figure ou difficulté représente cent vingt-huit variations, et dont l'équilibre périodique est de   1 : 127

De celui de 10 dont la figure représente mille vingt-quatre variations, et dont l'équilibre périodique est de   1 : 1023

Et ainsi de suite pour tous les autres coups, dont la difficulté se double toujours en raison de la hauteur.

Plusieurs mathématiciens et savants distingués, principalement Laplace, ont étudié cette question ; tous appuyés sur le binome de Newton, ont reconnu que les coups multipliaient leurs figures ou variations en raison de leurs difficultés, ou hauteur de sortie

Mais aucun n'en a tiré de conclusion résolutive. Aucun n'a poussé plus loin ses recherches, tous au contraire se sont arrêtés devant cette base du problème déjà résolu : et le résumé de tous leurs rapports, en concluant la valeur mathématique des coups selon leurs variations ou hauteur de sortie, reconnaissait *l'impossibilité d'aller plus loin.*

Ils semblaient dire : voilà un coup qui représente bien tant de figures ou variations de sortie : mais pourquoi la troisième ou la quatrième de ces variations ne sortirait-elle pas 20 fois, 30 fois, 40 fois de suite de préférence aux autres ? Ce n'est pas régulier, mais c'est possible, donc c'est une probabilité.

J'avoue qu'après des travaux sérieux et prolongés, je me suis souvent arrêté devant ces nouvelles colonnes herculéo-scientifiques.

Mais loin de me décourager, j'en éprouvais une émulation croissante, et je restais convaincu que, puisque les différents coups sortaient en raison de leurs difficultés, *il devait aussi exister une raison d'être dans le classement de ces mêmes difficultés.*

Ce qui corroborait encore ma persuasion, c'est que je trouvais toujours dans l'application des sorties, une apparence d'uniformité périodique, qui pour l'ordinaire présentait toujours l'équilibre, mais qui souvent offrait avant et après cet équilibre, des tiraillements et des oscillations plus ou moins prolongés.

Pourquoi des oscillations plus ou moins prolongées, plus ou moins développées, et rentrant pendant longtemps dans une uniformité à peu près parfaite ?

Les maîtres de la science avaient-ils raison ? Dans ce cas, il fallait admettre le hasard ; et dire, voilà une cause qui produit un effet régulier ; cet effet n'a rien du hasard, il est le produit d'une force régulière, bien connue et définie ; mais les classements de cet effet retombent tout-à-fait dans le domaine du hasard.

Ce raisonnement ne me paraissait pas fondé; au lieu de l'admettre, j'ai redoublé d'efforts, et j'ai réussi.

L'équilibre périodique qui tire sa raison d'être de la valeur ou multiplicité de figures sous la forme desquelles les différents coups peuvent se reproduire, est essentiellement dépendant de l'équilibre *relatif absolu*.

C'est de cet équilibre que ressort la révolution plus ou moins régulière, plus ou moins oscillée de ses différents coups; et c'est par la corrélation de toutes ses combinaisons supérieures et inférieures, qu'on trouve la nécessité mathématique et logique de toutes les oscillations possibles, qui déforment et réforment successivement l'équilibre périodique, et lui donnent de distance en distance une parfaite régularité.

En apparence ce problème représente le chaos; en réalité, ce n'est rien. Le balancier d'une pendule qui détruit et reforme nécessairement son équilibre absolu?

L'oscillation de la droite détruit et reforme celle de gauche, et *vice versa*.

Absolument comme les coups du trente-et-quarante que l'on pourrait comparer à autant de globes lancés dans le vide par une force régulière et éternelle, et tourbillonnant tous autour de leur force centripède, en se déformant et se reformant.

La solution complète du probleme ne dependait donc que de l'appréciation respective de la portée de chaque coup, et de son action sur les autres, de leur action corélative à tous.

CHAPITRE PREMIER.

LES COUPS DU TRENTE-ET-QUARANTE SORTENT EN RAISON DE LEURS DIFFICULTÉS OU HAUTEURS, ET SE COMBINENT ENSEMBLE DANS UN PARFAIT ÉQUILIBRE.

La figure du coup d'1 n'offre que deux combinaisons, c'est-à-dire qu'elle ne peut se représenter que sous deux formes: *rouge* ou *noire*. n'ayant que deux variations de sortie: chacune est donc la moitié de l'autre et donne la proportion ½ ou 1 — 1. Fig. 1.

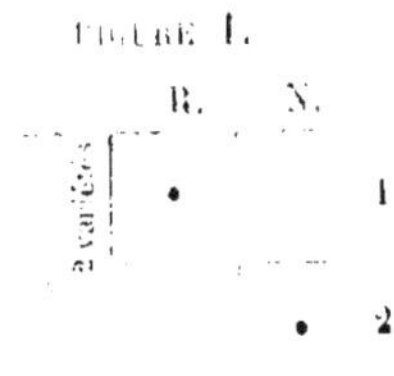

La figure 2 se combine de quatre manières: donc, quelle que soit celle que l'on prend pour base d'opération, elle se trouve toujours en regard de trois figures contraires et dans la proportion de 1 : 3.

Ces quatre figures sont : 2 rouges, 2 noires, rouge noire, noire rouge.

FIGURE 2.

La figure 3 offre huit variétés, et présente par la même raison la difficulté constante de sept figures contraires à celle que l'on pourrait adopter pour base d'opération, ou la proportion 1 : 7.

Ces figures sont : 3 *rouges*, 3 *noires*, 2 *rouges* 1 *noire*, 2 *noires* 1 *rouge*, 1 *rouge* 1 *noire* 1 *rouge*, 1 *noire* 1 *rouge* 1 *noire*, 1 *rouge* 2 *noires*, 1 *noire* 2 *rouges*.

Voir la fig. 3.

FIGURE 3.

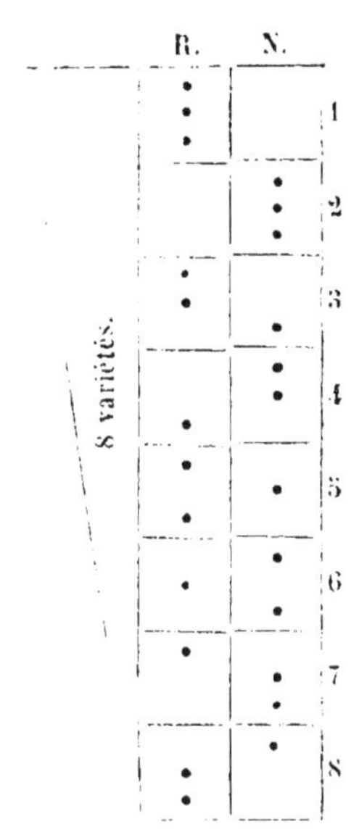

Il en est ainsi de la figure 4 qui présente seize variétés et la proportion 1 : 15.

Ces figures sont : 4 *rouges*, 4 *noires*, 3 *rouges* 1 *noire*, *trois noires* 1 *rouge*, *deux rouges* 2 *noires*, 2 *noires* 2 *rouges*, 1 *rouge* 3 *noires*, 1 *noire* 3 *rouges*, 1 *rouge* 1 *noire* 1 *rouge* 1 *noire*, 1 *noire* 1 *rouge* 1 *noire* 1 *rouge*, 1 *rouge* 1 *noire* 2 *rouges*, 1 *noire* 1 *rouge* 2 *noires*, 1 *rouge* 2 *noires* 1 *rouge*.

*1 noire 2 rouges 1 noire. 2 rouges 1 noire
1 rouge, 2 noires 1 rouge 1 noire.*

FIGURE 4.

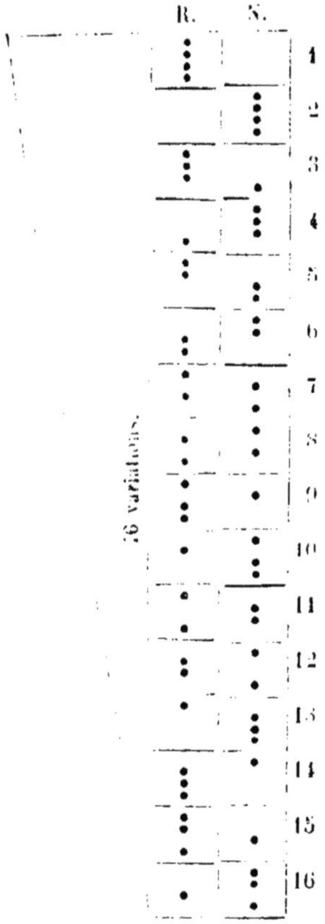

De la figure 5 qui en présente 32 et la
proportion de 1 : 31.

FIGURE 5.

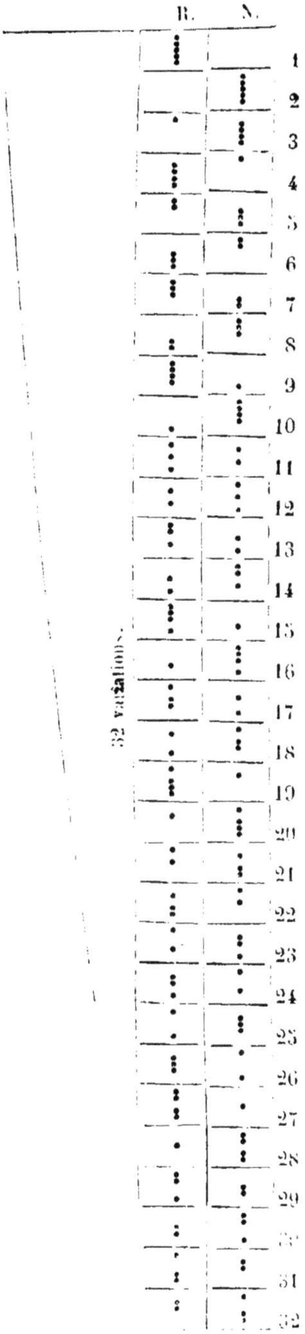

R.   N.

Il serait inutile de pousser plus loin le développement de ces figures ; on le prolongerait jusqu'à l'infini qu'on n'ajouterait rien à la lucidité de leurs démonstrations.

Il en appert que le coup d'1 n'a que deux variations, le coup de 2 quatre, le coup de 3 huit, le coup de 4 seize, le coup de 5 trente-deux ; par suite, celui de 6 soixante-quatre, celui de 7 cent vingt-huit, celui de 8 deux cent cinquante-six , celui de 9 cinq cent douze, celui de 10 mille vingt-quatre. celui de 15 trente-deux mille sept cent soixante-huit, etc. Voir les cinq premières figures et leur rapporteur, ou *figures* 6 et 7.

Donc le coup d'1, qui n'a que deux variations et qui est la base, la racine de toutes les autres sorties, présente chaque coup une de ses deux faces ; le coup de 2 qui vient après et n'a que quatre variations, présente tous les deux coups une de ses quatre variations ; le coup de 3, qui se forme de huit variations, présente tous les trois coups une de ses huit variations, *fig.* 3; le coup de 4. qui se forme de seize variations, présente tous les quatre coups une de ses seize variations. *fig.* 4 : le coup de 5. qui présente trente-deux variations, reproduit tous les cinq coups. une de ses trente-deux variations, *fig.* 5. Donc le coup de 6, qui se forme de soixante-quatre variations. présente tous les six coups une de ses soixante-quatre variations : le coup de 7. qui se forme de cent vingt-huit variations . présente tous les sept coups une de ses cent vingt-huit variations : et ainsi de suite du coup de 10. qui se forme de mille vingt-quatre variations : de celui de 15 qui se forme de trente-deux mille sept cent soixante-huit variations. et présente tous les quinze coups une de ses trente-deux mille sept cent soixante-huit variations, *fig.* 6 et 7.

Donc chaque coup est la moitié du coup d'1, la quatrième partie du coup de 2. la huitième partie du coup de 3 . la seizième partie du coup de 4 . la trente-deuxième partie du coup de 5. la soixante-quatrième partie du coup de 6, la cent vingt-huitième partie du coup de 7. la deux cent cinquante-

<table>
<tr><td>Les figures ou variations sous la forme desquelles les coups peuvent se représenter, se multiplient en raison de leur hauteur, fig. 6.</td><td>Les coups sortent en raison inverse de leurs figures ou variations, fig. 7.</td></tr>
</table>

FIGURE 6.		FIGURE 7.
134,217,728	27	2
67,108,864	26	4
33,554,432	25	8
16,777,216	24	16
8,388,608	23	32
4,194,304	22	64
2,097,152	21	128
1,048,576	20	256
524,288	19	512
262,144	18	1024
131,072	17	2048
65,536	16	4096
32,768	15	8192
16,384	14	16384
8,192	13	32768
4,096	12	65536
2,048	11	131072
1,024	10	262144
512	9	524288
256	8	1048576
128	7	2097152
64	6	4194304
32	5	8388608
16	4	16777216
8	3	33554432
4	2	67108864
2	1	134217728

sixième partie du coup de 8, la mille vingt-
quatrième partie du coup de 10, la trente-
deux mille sept cent soixante-huitième partie
du coup de 15, etc., *fig.* 6 et 7.

A raison de sa hauteur, la figure du coup
de 27 déterminé (27 rouges par exemple),
offre cent trente-quatre millions deux cent
dix-sept mille sept cent vingt-huit variations, de sorte qu'avant de trouver 27 rouges
consécutives, il doit sortir une moyenne de
cent trente-quatre millions deux cent dix-
sept mille sept cent vingt-huit coups d'1.

En livrant cet ouvrage à la publicité,
dans la pensée éminemment consciencieuse
d'être utile, j'ai dû chercher à le vulgariser,
à le mettre à la portée de tout le monde :
ainsi, j'ai évité autant que possible toute démonstration de mathématique transcendante:
j'ai fait tous mes efforts pour matérialiser
autant que possible toutes mes preuves.

Absolument comme l'instituteur qui ins-
truit son jeune élève en lui expliquant les
objets qu'il met sous ses yeux.

C'est pour cela que j'ai mis sous forme

de triangle les premières figures qui constituent la base des sorties du trente-et-
quarante.

Presque toutes les difficultés mathématiques peuvent se résoudre par les angles ; et,
chose remarquable, toutes les sorties du
trente-et-quarante sont naturellement trian-
gulaires. En reproduisant ici les cinq pre-

FIGURE 8.

		à raison de sa hauteur 32 variations
figure 5	32	
figure 4	16	16 —
figure 3	8	8 —
figure 2	4	4 —
figure 1	2	2 —

FIGURE 9.

		à raison inverse de ses variations.
sortie du coup de 5	2	
sortie du coup de 4	4	id.
sortie du coup de 3	8	id.
sortie du coup de 2	16	id.
sortie du coup d' 1	32	id.

FIGURE 10.

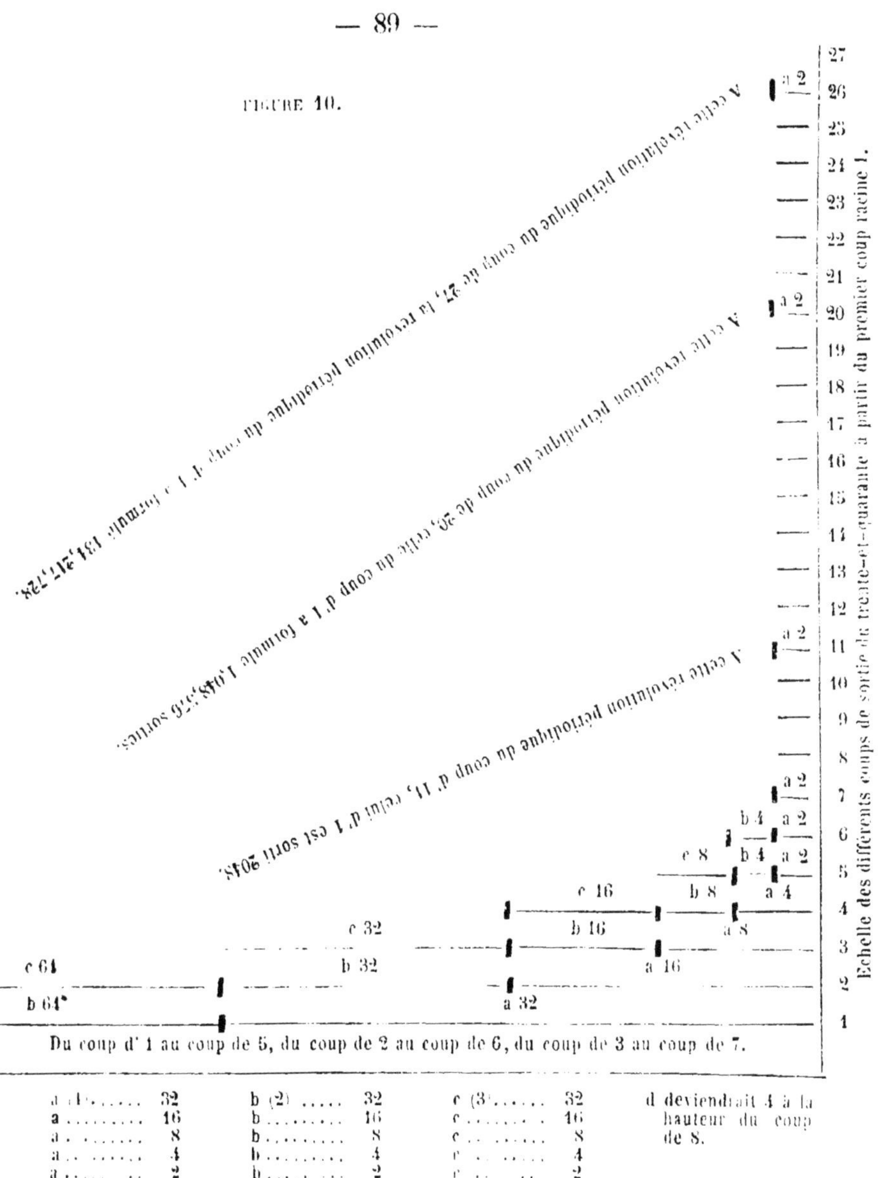

a (1)	32	b (2)	32	c (3)	32	d deviendrait 4 à la
a	16	b	16	c	16	hauteur du coup
a	8	b	8	c	8	de 8.
a	4	b	4	c	4	
a	2	b	2	c	2	
	62		62		62	

mières figures, 1, 2, 3, 4 et 5, je les cons-
tituerai en triangle, et dans ce simple
triangle, qui simplifiera toutes les démonstrations, je concentrerai jusqu'à la fin la
solution du problème.

La figure 6 (p. 86), représente la difficulté
de sortie, ou figures contenant le nombre
de variations sous la forme desquelles chaque
coup peut se modifier.

Figures ou variations, qui se doublent à
raison de la hauteur de ces mêmes coups.

La figure 7, même page, représente l'inverse.

Le coup d'1, qui est la base de l'échelle,
la racine de toutes les sorties, et qui n'a que
deux variations *(fig.* 1, p. 79), forme à lui
seul la moitié de toutes les sorties (p. 86),
et tous les autres coups sortent à raison mul-
tiple de sa proximité.

Les figures 8 et 9 (p. 88), répétant les
mêmes preuves, démontrent la tendance de
toute les sorties du trente-et-quarante à
se constituer en triangle.

La figure 10 diffère essentiellement des

figures 6 et 7 ; les figures 6 et 7, en présentant le tableau de la valeur des coups comme figures multiples, en raison de leur hauteur, et comme sorties multiples, en raison inverse de cette même hauteur, donne pour corollaire que pour rencontrer le retour périodique du coup de 27, il faut rencontrer auparavant 134,217,718 coups d'1.

Tandis que la figure 10 représente le tableau *corrélatif*, l'enchaînement absolu de toutes les sorties entre elles. Son examen attentif exclut positivement le hasard ; elle prouve que le mouvement de toutes ces sorties, dans leurs *équilibres corrélatifs absolus*, est aussi un *enchaînement corrélatif absolu*, (*necessitate coactiva*), dont la marche est régulière, uniforme, universelle : dont la marche ne peut pas plus se constituer en sens inverse, que le cercle ne peut devenir carré.

Que l'on tire indéfiniment le trente-et-quarante, on trouvera indéfiniment le produit de ses sorties se constituant en triangle et formant le tableau *corrélatif absolu* dans l'espace du coup de 1 au coup de 27 *fig*. 10.

La somme des coups formant la quotité numérique de la révolution périodique du coup de 5 constitue la valeur et la forme inverse des cinq premières figures :

FIGURE 10.

La figure 1, ou coup de 1, présente les sorties.   *a*   32
La figure 2. ou coup de 2, présente les sorties.   *a*   16
La figure 3. ou coup de 3, présente les sorties.   *a*   8
La figure 4, ou coup de 4, présente les sorties.   *a*   4
La figure 5, ou coup de 5, présente les sorties.   *a*   2

Poursuit-on jusqu'à la révolution périodique du coup de 6, tous ces coups doublent leurs sorties.

FIGURE 10.

Celle du coup de 1, *fig*. 1, présente les sorties.   *b*   64
Celle du coup de 2, *fig*. 2. présente les sorties.   *b*   32
Celle du coup de 3, *fig*. 3, présente les sorties.   *b*   16
Celle du coup de 4, *fig*. 4, présente les sorties.   *b*   8
Celle du coup de 5, *fig*. 5, présente les sorties.   *b*   4
Celle du coup de 6.   —   présente les sorties.   *a*   2

Poursuit-on jusqu'à la révolution périodique du coup de 7, tous ces mêmes coups doublent encore le nombre de leurs sorties.

FIGURE 10.

Celle de la fig. ou coup de **1**, présente les sorties *c* 128

Celle de la fig. ou coup de **2**, présente les sorties *c*   64

Celle de la fig. ou coup de **3**, présente les sorties *c*   32

Celle de la fig. ou coup de **4**, présente les sorties *c*   16

Celle de la fig. ou coup de **5**, présente les sorties *c*   8

Celle de la fig. ou coup de **6**, présente les sorties *b*   4

Et la nouvelle de **7**, présente les figures ou

    sorties. . . . . *a*   2

De cette démonstration qui est l'essentialité de l'exactitude mathématique, il ne faut
pas tirer une fausse induction, et confondre
la révolution périodique constituant l'équilibre, ou hauteur du coup de 6 et de 7, avec
la révolution périodique des mêmes coups,
constituant *l'équilibre corrélatif absolu*.

L'une se constitue dans deux cent cinquante-six coups: et l'autre ne présente sa
moyenne que dans quatre mille cinq cents
coups.

•L'équilibre corrélatif absolu d'un coup,
est une variation *déterminée* de la figure de ce
même coup, avec la proportion exacte de tous
les coups inférieurs depuis la base ou coup de 1.

Ainsi pour trouver l'équilibre corrélatif
absolu du coup de 6 avec les coups inférieurs 1, 2, 3, 4 et 5, avec la précision mathématique 2, 4, 8, 16, 32, 64, il faudrait
pouvoir parcourir un développement tel que
le coup de 1 arrivât au chiffre de 4.096
comme base du triangle (*fig.* 10), et le
coup de 12 à l'unité comme sommet du
même triangle (même *figure* 10).

Toujours dans la pensée de matérialiser
mes démonstrations en évitant l'algèbre et
les longues équations, qu'on se figure une
machine composée de vingt-sept roues.
Toutes ont la même impulsion, régulière,
uniforme, éternelle, mais elles diffèrent dans
leur degré de vitesse : la première roue qui
n'a que deux rayons, opère sa révolution
dans une seconde ; la seconde roue qui se
compose de quatre rayons, n'opère sa révolution que dans deux secondes ; la troisième
qui a huit rayons, n'opère sa révolution que
dans quatre secondes ; la quatrième qui a
seize rayons, n'opère sa révolution que dans
huit secondes ; la cinquième, qui a trente-

deux rayons, n'opère sa révolution que dans seize secondes; la sixième roue qui a soixante-quatre rayons, n'opère sa révolution que dans trente-deux secondes : enfin celle de onze qui est composée de deux mille quarante-huit rayons, n'opère sa révolution que dans mille vingt-quatre secondes : celle de vingt qui se compose de un million quarante-huit mille cinq cent soixante-seize rayons, n'opère sa révolution que dans cinq cent vingt-quatre mille deux cent quatre-vingt-huit secondes : et la dernière de vingt-sept, composée de cent trente-quatre millions deux cents dix-sept mille sept cent vingt-huit rayons qui opère sa révolution en soixante-sept millions cent huit mille huit cent soixante-quatre secondes.

L'analogie est parfaite, car en arrivant tout-à-coup devant cette machine, il serait impossible en considérant sa rotation, de savoir quels seraient les rayons de telle ou telle roue qui passeraient devant les yeux : de même qu'il est impossible de savoir en arrivant à la séance de trente-et-quarante, quelles sont les variations de telle ou telle figure qui vont paraître les premières.

Mais il est certain, mathématiquement infaillible, que dans un temps déterminé, on pourra avec certitude établir les rapports corrélatifs absolus qu'auront ensemble les différents rayons des vingt-sept roues dans leur mouvement régulier de rotation.

Comme il sera infaillible d'établir dans un temps donné *l'équilibre corrélatif absolu* que les différentes variations de figures du trente-et-quarante auront formé entre elles.

L'ignorance et le préjugé sont toujours restés stationnaires devant cette objection en apparence irréfutable.

Qu'on prenne indéfiniment un dé pour le jeter sur le tapis, il n'y aura jamais une raison sérieuse d'admettre ou d'exclure un nombre de fois presque illimité la sortie du même côté.

C'est vrai, mais il est encore plus vrai qu'il n'y a aucune espèce d'analogie entre le lancement du dé et la sortie régulière uniforme et éternelle du trente-et-quarante.

Admettons le dé en question formé de huit faces, 1, 2. 3, 4, 5, 6. 7 et 8; ces faces sont toutes parfaitement uniformes, indépendantes les unes des autres, et n'opposant au mouvement que la même force de résistance.

C'est tout le contraire, au trente-et-quarante; les huit premiers coups ne sont point uniformes: le premier n'offre que deux variations, tandis que le deuxième en offre quatre. le troisième, huit, et le huitième, deux cent cinquante-six *(fig.* 10,.

Au lieu d'être indépendants les uns des autres, ils ont tous entre eux un *enchaînement corrélatif absolu* : point de coup de 2 sans coup de 1: point de coup de 3 sans coup de 1 et de 2; point de coup de 8 sans avoir pour base les coups de 1. 2. 3. 4, 5. 6 et 7.

Et ces différents coups opposent au mouvement une résistance des plus inégales: celle du coup de 1 n'est que de 2. tandis que celle du coup de 8 est de 256.

CHAPITRE II.

TOUTES LES TENTATIVES FAITES POUR ATTEINDRE OU
DOMINER LES COUPS DU TRENTE-ET-QUARANTE VIEN-
NENT A L'APPUI DE LA PRÉCISION MATHÉMATIQUE DE
MES APPRÉCIATIONS, POUR CONSTATER LA RÉGULARITÉ
DE LEUR POSITION OU SORTIE EN RAISON DE LEURS
HAUTEURS OU DIFFICULTÉS.

Pour s'en convaincre, il suffit d'en faire
l'expérience, d'après les trois modes de mise,
qui résument tout ce que la tactique des
joueurs a développé jusqu'à présent.

Je veux parler de la masse égale, de la
martingale et du paroli.

La masse égale consiste à mettre toujours la même somme sur le tapis, et par
suite de la relever double ou de la perdre.

Avec huit louis on jouerait huit coups, et
comme il sort (terme moyen) autant de rouges que de noires, on gagnerait quatre louis,
et l'on perdrait quatre louis, selon que l'é-
quilibre périodique se trouverait dans une

oscillation plus ou moins avantageuse pour la chance que l'on aurait adoptée.

La martingale consiste à jouer toujours le double, de manière que le coup gagnant puisse toujours rapporter toutes les sommes perdues *plus une*.

Pour jouer la martingale avec sept louis, on combattrait donc le coup ou la figure de 3, avec les mises un louis contre le premier coup, deux louis contre le second, et quatre louis contre le troisième.

Mais comme je l'ai démontré précédemment, le coup ou la figure de 3 se trouve au coup de 1 dans la proportion de 1 : 7.

Donc tous les sept coups (terme moyen), après avoir gagné sept louis contre le coup de 3, il faut perdre sept louis par la rencontre de ce même coup de 3.

Ce qui est mathématiquement la même chose que de jouer huit louis un à un pendant huit coups en rencontrant autant de rouges que de noires, puisque c'est toujours une somme proportionnée à 7 ou au coup de 3.

Le paroli consiste à mettre un louis sur le tapis et à ne le relever que lorsque la couleur rouge ou noire que l'on aura attaquée aura passé trois fois de suite : quand cette variation du coup de 3 arrivera, on relèvera huit louis provenant du premier paiement de un louis, du deuxième paiement de deux louis, et du troisième paiement de quatre louis; mais puisque le coup ou la figure de 3 forme huit variations, et que la variation adoptée se trouve vis-à-vis des autres dans la proportion de 1 : 7, on doit donc (terme moyen) perdre sept louis en détail avant de la rencontrer, plus ou moins, selon que l'équilibre se trouve dans son oscillation plus ou moins avantageuse au paroli de la couleur adoptée.

Et ainsi de suite pour la martingale, ou le paroli pour ou contre le coup ou la figure de 4, que vous attendrez ou combattrez, avec quinze louis, celui de 5 avec trente-et-un, celui de 6 avec soixante-trois, etc.

Ce qui représentera toujours 15, 31 et 63 engagés comme nombre proportionnel à la difficulté 15, 31 et 63, comme si on jouait en détail et à masse égale sur une échelle de 15, 31 et 63 coups.

D'où il faut conclure qu'il est absolument indifférent de jouer sept louis à masse égale, ou de lutter avec sept louis en martingale contre le coup de 3, ou d'attendre avec sept louis à faire un paroli sur le même coup de 3.

Donc le coup de 3 ou la figure de 3 se trouve placé dans une position relative à sa sortie ou difficulté comme 1 : 7.

Puisque par son apparition il fait gagner sept louis au paroli, comme il fait perdre sept louis à la martingale, somme égale aux sept louis perdus ou gagnés en détail.

Donc les coups ou figures de 4, 5, 6, 7, 8, 10, etc., se trouvent par la même raison placés dans une position relative à leurs sorties ou difficultés comme 1 : 15, comme 1 : 31, comme 1 : 63, comme 1 : 127, comme 1 : 255, comme 1 : 1023, etc.

CHAPITRE III.

LES OPÉRATIONS DE TOUS LES JOUEURS, DEPUIS QUE LA
BANQUE EXISTE, PROUVENT LA POSITION OU SORTIE DES
COUPS DU TRENTE-ET-QUARANTE EN RAISON DE LEURS
FIGURES DE HAUTEUR OU DIFFICULTÉS.

Toutes les opérations dirigées contre la
Banque depuis sa création, consistent dans
la composition des masses d'argent, et l'application de ces masses diversement composées contre les différents modes du trente-et-
quarante.

Or toutes les manières de composer les
masses d'argent ne sont que des variétés
plus ou moins simplifiées de la masse égale,
du paroli et de la martingale qui, comme
nous l'avons vu dans le paragraphe précé-
dent, sont malgré leur contradiction apparente, une seule et même chose, et pro-
duisent un seul et même résultat.

En effet, jouer trente-un coups à masse

égale, c'est s'exposer, par la force de la combinaison donnée, à trouver 15 rouges et 15 noires, et par la même raison à perdre 15 coups et à gagner 15 coups; ce qui revient à la difficulté de 31 contre une attaque de 31, et pour résultat *zéro*.

Chercher un paroli de cinq pour gagner 1, 2, 4, 8, 16, total, 31 pièces, c'est s'exposer à perdre une moyenne de 31 pièces avant de rencontrer ce paroli, puisque le coup de 5 est au coup de 1 comme 1 : 31, ou chercher un avantage de 31 contre une difficulté de 31, dont le résultat aura pour moyenne *zéro*.

Martingaler cinq coups contre le coup de 5, c'est gagner une pièce en détail contre tous les coups de 1, de 2, de 3, de 4, et avoir la possibilité de gagner 31 coups avant de rencontrer le coup de 5; mais, puisqu'il est au coup de 1 comme 1 : 31, on doit le rencontrer sur une moyenne de 31 coups, et perdre par cette rencontre sa martingale, composée de 1, 2, 4, 8, 16, total 31 pièces, égales aux 31 pièces gagnées en détail, et avoir aussi pour balance *zéro*.

Ces trois genres d'attaque, et toutes les compositions qui les modifient plus ou moins, sont donc positivement la même chose.

Toute la différence consiste en ce que la difficulté de sortie, considérée légèrement, apparaît dans la masse égale maintenir son équilibre d'une manière uniforme; au lieu que dans le paroli et la martingale, elle le concentre sur un seul et même point, où la difficulté semble grouper la force demandée pour rétablir les pertes partielles du paroli, ou faire perdre les avantages partiels de la martingale.

Le théorème suivant peut montrer, dans toute son évidence, que par le fait la difficulté se trouve peser uniformement sur toute l'échelle proportionnelle de sa sortie.

La moyenne du jeu présente tous les trois coups un coup de 2.

Donc chaque coup est la troisième partie du coup de 2; tous les sept coups un coup de 3; donc chaque coup est la septième partie du coup de 3, tous les quinze coups un coup de 4; donc chaque coup est la quinzième partie du coup de 4, tous les trente-un coups un coup de 5; donc chaque coup est la trente-et-unième partie du coup de 5.

Cette exactitude mathématique prouve que malgré la variété apparente de leurs sorties, aux différentes périodes de leurs engagements, les trois modes d'engager l'argent sont réellement toujours à la même hauteur de perte ou de gain.

Si celui qui cherche le paroli a déjà usé dix pièces, il n'en est pas moins avancé de $\frac{10}{31}$ dans le court période de l'équilibre vers l'arrivée de la difficulté 31.

Si celui qui combat la difficulté 31 par la martingale a déjà gagné 10 pièces, il n'en est pas moins avancé de $\frac{10}{31}$ vers l'apparition ou sortie du coup de 5, qui doit lui faire disparaître sa martingale.

En somme, tous les deux se trouvent égaux entre eux, puisqu'ils ont chacun une proportion réelle de 10 : 10 vers la difficulté 31.

Ce qui représente la position de la masse égale, qui, sur $\frac{10}{31}$ se trouve avoir 5 de perte, et 5 de gain, et figure sur la proportion de 5 : 5 vers la difficulté 31.

L'application constante de ces masses composées, en tombant sur les différentes modifications de trente-et-quarante, a toujours pour objet de trouver un *bon jeu*.

C'est-à-dire des coups plus ou moins faciles, plus ou moins difficiles.

Mais l'expérience est là pour détruire toute illusion à cet égard et déjouer tous les faux calculs sur lesquels elle reposerait.

Ceux qui jouent les parolis perdent régulièrement avant et après leurs rencontres une somme équivalente au gain prélevé par son apparition.

Ceux qui jouent les mêmes coups en martingale perdent à leurs sorties une somme égale aux bénéfices prélevés avant et après son apparition.

S'il en était autrement, on trouverait des coups qui offriraient plus d'avantage au paroli qu'à la martingale et *vice versâ*.

Par exemple, si quelques coups se produisaient sur une moyenne plus ou moins fréquente que la difficulté de leurs sorties, on ferait des gains fabuleux à jouer *pour* ou *contre*, tandis que tous les joueurs sont une preuve du contraire: après avoir tout éprouvé sans succès, depuis le coup de 2 jusqu'à celui de 8, 9, 10, etc., ils cherchent à créer des compositions plus ou moins faciles, plus ou moins difficiles; alors ils tombent dans les figures.

Mais chaque figure n'étant qu'une variation de la série représentée par la même quotité numérique, il ne sortent pas du cercle vicieux où ils se trouvent, ils ne font que changer de *rayon*.

Quelques-uns jouent la taille (on appelle ainsi la marche du jeu), c'est le mode le plus abusif que l'on puisse concevoir.

Le coup de 12 comporte 4,096 combinaisons: il s'en suit qu'en considérant les douze derniers coups sortis, le demi-savant, qui cherche l'horoscope de son bonheur, doit s'efforcer de trouver la prescience d'une des 4,096 combinaisons qui peuvent sortir, par la vue ou l'inspiration de celle qui est déjà sortie.

Ces tentatives, et beaucoup d'autres aussi infructueuses, fatiguent les joueurs, qui, de guerre las, et après avoir tout essayé, se jettent dans le fatalisme, accusent le hasard de déranger leurs savantes opérations et fortifient l'opinion que la banque est inexpugnable.

Au lieu de les imiter, voyons le corollaire de ce qui précède :

1" Chaque coup est égal à la difficulté de sa position ou sortie, si son apparition fait gagner au paroli et perdre à la martingale une somme égale au chiffre de cette difficulté.

Or, l'apparition de chaque coup fait gagner au paroli et perdre à la martingale une somme égale à la difficulté de sa position.

Donc chaque coup est égal à la difficulté de sa position :

2° La combinaison de chaque coup est égale à la difficulté de ce même coup, si chaque coup peut se modifier en autant de combinaisons que le chiffre de sa difficulté (fig. 1, 2, 3, 4 et 5).

Or, chaque coup peut se modifier en autant de combinaisons que le chiffre de sa difficulté.

Donc la combinaison de chaque coup est égale au chiffre de la difficulté de ce même coup :

3° Il doit exister un équilibre parfait dans tous les coups ou variétés du trente-et-quarante.

Si chacun de ces coups ou des modifications sous lesquelles il se représente, procure par le pour et le contre absolument le même avantage.

Or, chacun des coups ou modifications sous lesquels se représente le trente-et-quarante, procure par le pour et le contre absolument le même avantage.

Donc il doit exister un équilibre parfait dans tous les coups ou variétés que présente le trente-et-quarante.

CHAPITRE IV.

Après avoir reconnu que le trente-et-quarante n'est point l'effet du hasard, que son
mécanisme ou jeu n'offre pour résultat que
des coups, *produit nécessaire d'une combinaison donnée*, que ces coups sont lancés par
la force motrice de la combinaison donnée
à des distances mathématiques proportionnelles à la difficulté de leurs apparitions.

Par exemple, le coup de 6 est lancé à une
distance de soixante-trois coups, difficulté
proportionnelle à sa sortie, puisqu'il doit se
trouver auparavant trente-deux coups de
1, seize coups de 2, huit coups de 3, quatre
coups de 4, deux coups de 5 ; ou bien parce
qu'il peut se présenter sous soixante-trois
figures ou variations autres que celle que
l'on pourrait adopter.

On doit conclure que tous les coups pro-
duits par le trente-et-quarante sortent avec

une régularité respective. partant qu'il existe
entre eux un juste équilibre proportionnel.

L'existence de la banque vient à l'appui
de ces démonstrations : si elle était soumise
à l'influence du hasard, elle serait passive
de pertes ou de gains en dehors des prévisions du calcul.

Car le hasard ne pouvant souffrir ni res-
trictions. ni limites, mettrait toujours l'administration de la banque dans l'éventualité
de sa ruine ou d'un gain illimité, ce qui
n'est jamais arrivé : elle semble au contraire à l'abri de toute éventualité: placée à
une hauteur pondérante par l'argent qu'elle
expose, elle plane toujours sur le jeu, do-
mine toutes les chances comme toutes les
attaques, n'éprouvant d'autres variations que
celles qui sont produites essentiellement par
l'oscillation de l'équilibre du jeu.

Des équations algébriques d'une grande
exactitude, et plusieurs années d'expérience, m'ont mis à même de juger que ce
ballotage ou oscillation de l'équilibre à s'é-
carter ou se rapprocher de son centre. se

trouve être, par l'impéritie des joueurs, son plus grand avantage.

Sur cent joueurs (terme moyen), cinquante débutent par gagner et cinquante par perdre ; résultat forcé du degré d'écartement où se trouve l'équilibre de la chance qu'ils choisissent au moment de leur attaque.

Ceux qui jouent quelque temps avec un grand désavantage, abandonnent généralement leurs chances avant le retour de son équilibre croyant avoir choisi un *mauvais jeu*.

Ceux qui commencent par gagner se gardent bien de changer et attribuent leur succès à leur habileté ou à leur bonheur ; ils attendent le retour de l'équilibre et reperdent tout.

J'ai observé des martingaleurs de neuf à dix coups disparaître à la première séance, c'est-à-dire rencontrer au début la difficulté 511 ou 1,023, et après leur départ je me suis assuré que, dans un *temps donné*, l'équilibre les eût mis à même de réparer leurs pertes.

J'en ai vu d'autres gagner 2.000 et 4.000

avant de rencontrer les mêmes difficultés, 511 et 1,023 ; mais la fortune avait ses revers, ou plutôt l'équilibre se rétablissait et emportait dans peu de séances le gain de plusieurs semaines.

Ces coups ou difficultés 1,023 et 2,047, sont l'ultimatum des joueurs : la banque, désirant *concentrer son action d'une manière uniforme et dans un court espace de temps sur la somme de ses joueurs,* n'a pas permis de porter les mises au-delà de 6,000 fr. à Bade, et à Hambourg 8,500 fr.

Il est évident que le coup de dix-sept, d'une difficulté de sortie de 131,072, et figurant comme mise sur le pied de 262,144 florins ou 500 et tant de mille fr., aurait pu se considérer comme une anomalie dans les habitudes de la banque, et par sa perte ou le gain d'une somme égale à sa quotité, doubler ou absorber à lui seul son opération annuelle ; et comme ce coup ne doit se représenter, relativement à la difficulté de sa sortie, que sur une moyenne de quatre mois, et que son équilibre corrélatif absolu de-

mande un développement de plusieurs années, la fortune des entrepreneurs aurait
toujours dépendu de son oscillation.

Si cette considération n'eût pas existé, et
si l'attaque du coup de dix-sept ou dix-huit,
au lieu d'être anomalique et de se présenter
comme une comète incendiaire ou bienfai-
sante, en détruisant par sa masse imposante
l'opération uniforme de la banque, eût été
à la portée de beaucoup de ses joueurs, il
n'y eût pas eu plus de danger à laisser attaquer avec 600,000 fr. et un million les
coups de dix-sept et dix-huit, que ceux de
trois et de quatre avec une somme de 35 et
75 fr. L'on aurait pu également perdre ou
se doubler en débutant; toute la différence
eût existé dans le temps nécessaire *pour l'é-
tablissement de l'équilibre corrélatif absolu.*

Au résumé, toutes ces difficultés, loin de
décourager, sont rassurantes, parce qu'elles
ne sont que l'appréciation mathématique du
trente-et-quarante, et que tout ce qui tombe
sous l'appréciation mathématique, est facile-
ment résolu et dominé.

CHAPITRE V.

Les quatre chapitres précédents donnent des preuves mathématiques et logiques qui détruisent l'existence du hasard.

Dans l'essentialité des coups qui doivent forcément se produire, *en raison inverse de leurs hauteurs, ou multiplicité de variations.*

Dans les moyens d'attaque à l'usage de tous les joueurs jusqu'à ce jour, qui, par le pour et le contre, arrivent toujours au même résultat, et qui n'ont d'autre durée, dans la perte comme dans le gain, que le retour ou le développement oscillatoire de leurs révolutions périodiques.

Dans l'existence de la banque, qui, au milieu de toutes les attaques les plus contraires et les plus variées, reste toujours stationnaire et invincible, opposant la noire à la rouge et la rouge à la noire, n'éprouvant

d'autres variations que celles des oscillations de l'équilibre.

Et rentrant toujours dans ses déboursés,
par le retour ou l'éloignement de ce même
équilibre, en prélevant invariablement son
refait de 1 1/2 p. 100, opération si régulière
et si uniforme, qu'à l'évaluation des sommes
qui passent sur le tapis du matin au soir,
on pourrait généralement, et sans autres
vérifications, établir la moyenne de ses bénéfices journaliers.

Mais la confirmation de ces preuves se
trouve d'une manière beaucoup plus concluante dans l'enchaînement absolu des différents coups entre eux, enchaînement que
je définis sous le nom d'*équilibre corrélatif
absolu*.

Le plus puissant axiome mathématique
et logique s'exprime par « deux lignes, ou
« deux angles égaux à un troisième, sont
« égaux entre eux, *quæ sunt ædem uni ter-*
« *tio sunt ædem inter se*. »

Or, tous les coups de trente-et-quarante
ont, dans leurs proportions respectives, une

parfaite égalité à se produire devant l'équilibre.

Donc ils sont tous, dans leurs proportions respectives, en parfaite égalité à se
produire entre eux.

Les deux variations du coup de 1
étant dans la même raison d'être que les
134.417.728 du coup de 27, doivent donc
sortir dans leurs proportions respectives
134.217.728 fois pendant que le coup de
27 opère sa révolution périodique : 1,024
fois pendant la révolution périodique du coup
de 10 ; 32 fois pendant la révolution périodique du coup de 5 : 8 fois pendant la révolution périodique du coup de 3 : 4 fois pendant la révolution périodique du coup de 2.

L'infaillibilité scientifique ressort de cet
énoncé.

Le coup de 2 a quatre variations (*fig.* 2 :
mais chacune de ces quatre variations commence par le coup de 1.

Le coup de 3 a huit variations (*fig.* 3) :
mais chacune de ces variations commence
par le coup d'1.

Le coup de 5 a trente-deux variations ; mais toutes ces variations commencent par les coups de 1, de 2, de 3 et de 4, et ainsi de suite pour tous les autres coups, jusqu'au coup de 27, dont les 134,217,728 variations commencent, se développent et se forment sur la base de tous les coups inférieurs, depuis 1, 2, 4, 6, 9, 12, 20, etc., jusqu'à celui de 26.

Il en résulte que les deux variations du coup de 1, sortant quatre fois pendant la révolution périodique du coup de 2, huit fois pendant celle du coup de 3, seize fois pendant celle du coup de 4, trente-deux fois pendant celle du coup de 5.

Chacune de ces deux variations
    est donc au coup de 2 comme 1 : 3
        —   3 comme 1 : 7
        —   4 comme 1 : 15
        —   5 comme 1 : 31
        —   10 comme 1 : 1,023
        —   27 comme 1 : 134,217,727
Donc chaque coup sortant est la moitié du coup d'1
        —   4ᵉ partie du coup de 2
        —   8ᵉ   —   3

Donc chaque coup sortant est la

	16ᵉ partie du coup de		4
—	32ᵉ	—	5
—	64ᵉ	—	6
—	1.024ᵉ	—	10
	16,324ᵉ	—	14

et ainsi de suite jusqu'au coup de 27, dont chaque coup est également la 134.217,728ᵉ partie.

Par l'expérience matérielle, la preuve en ressort également avec une clarté, une précision et une lucidité qui portent le cachet scientifique des sciences exactes.

Je tire une ligne horizontale, indéfinie de gauche à droite A B (*fig. 11*), j'abaisse sur l'extrémité de sa droite B la perpendiculaire CB, je forme donc le triangle rectangle A, B. C. J'inscris de bas en haut, de cette perpendiculaire CB, les différents coups de trente-et-quarante, dans l'ordre de leurs valeurs numériques, depuis le coup de 1 jusqu'au coup de 27. Celui de 1 étant le plus rapproché de la grande cathète AB, celui de 27 se trouve au contraire au sommet de la petite cathète ou perpendiculaire CB.

FIGURE 11.

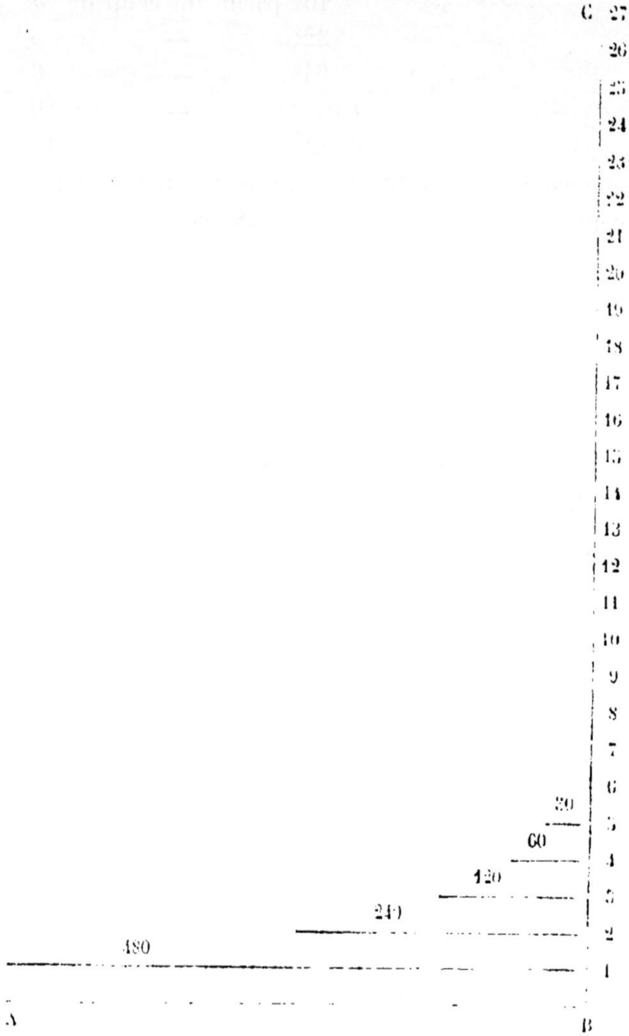

C
27
26
25
24
23
22
21
20
19
18
17
16
15
14
13
12
11
10
9
8
7
6
5
4
3
2
1
30
60
120
240
480
A
B

Dans ce simple rectangle, dont la ligne AB est, comme je l'ai dit, indéfinie de B en A. je place et je classe toutes les sorties possibles et admissibles du trente-et-quarante. et elles pourraient s'y classer pendant une éternité.

Le coup de 1, qui forme la base et se trouve à la ligne horizontale indéfinie AB, forme à lui seul la moitié des sorties.

Le coup de 2, qui vient après, en forme le quart.

Le coup de 3, qui vient après le coup de 2, en forme la huitième partie.

Le coup de 4, qui vient après le coup de 3, en forme la seizième partie.

Le coup de 5, qui vient après le coup de 4, en forme la trente-deuxième partie.

Le coup de 10, qui vient après le coup de 9, en forme la mille vingt-quatrième partie, etc.

C'est donc sur l'appréciation mathématique, et comme essentialité de science exacte. que je tire et que j'inscris 1,000 coups dans le rectangle. *fig. 11*.

Coups de 1 480

Coups de 2 240

Coups de 3 120

Coups de 4 60

Coups de 5 30

(Voy. *fig*. 11 les cinq lignes représentant les valeurs de sortie 480. 240, 120, 60 et 30).

Je n'inscris que jusqu'au coup de 5. parce que dans ce développement de mille coups, ceux de 6, 7. 8. 9. 10 et au-dessus ne pouvant figurer que dans le rapport de leurs cours périodiques, ne peuvent, à cause de la quotité de leurs figures ou variations. avoir dans la mixtion et l'enchaînement des différents coups entre eux, assez de formation nécessaire pour pouvoir se constituer d'une manière *déterminée* sous telle ou telle figure.

Si je continue encore le tirage du trente-et-quarante pendant mille coups, j'arrive au chiffre **2.048**, ou hauteur de la révolution périodique du coup de 11 (*fig*. 6. p. 86.

Par cette seconde opération. toute la base

des coups 1, 2. 3. 4 et 5, etc.. jusqu'à 9
et 10, a doublé de valeur.

Le coup de 1 est arrivé des proportions
480 à celles de 960.

Celui de 2 est arrivé des proportions 240
à celles de 480,

Celui de 3 est arrivé des proportions 120
à celles de 240.

Celui de 4 est arrivé des proportions 60
à celles de 120.

Celui de 5 est arrivé des proportions 30
à celles de 60.

Et le coup de 6, qui entre en révolution
périodique de formation à 30.

Si je continue l'expérience par une addi-
tion de 2,000 autres coups, j'arrive au chiffre 4,096 ou hauteur de la révolution périodique du coup de 12 (*fig.* 6. p. 86 ,
et trouve le premier développement ou la
ligne qui le représente *fig.* 11 . parvenu au
chiffre 1,920

Le second, ou la ligne 240 qui
le représente. au chiffre 960

Le troisième, ou la ligne 120

qui le représente, au chiffre. . . .   180

Le quatrième, ou la ligne 60, qui
le représente au chiffre.   240

Le cinquième, ou la ligne 30,
qui le représente au chiffre. . . .   120

Le coup de 6, qui est entré en
en formation à 2,000 se trouve
au chiffre.   60

Et celui de 7, qui à la hauteur
du coup de 12 ou 4,000 entre en
formation, se trouve au chiffre. . .   30

Pousserais-je l'expérience d'une manière
plus ou moins indéfinie, à quelques centaines de mille coups, comme je l'ai déjà
fait, je trouverais indéfiniment les coups racines qui forment la base, se doublant toujours entre eux avec une grande précision
d'exactitude mathématique, dans une quotité
numérique égale à la sortie des coups supérieurs qui entrent dans la formation régulière de leurs révolutions périodiques, eu
égard aux coups que l'on a tirés depuis le
commencement de la sécante.

Parce que tous les travaux que l'on peut

faire comme expérience du trente-et-quarante ne sont jamais qu'une sécante dans l'infini ;

Et que toute sécante dans l'infini ne récuse aucune admissibilité de son mouvement uniforme et éternel.

On ne peut nier par exemple la possibilité de trouver au début telle ou telle variation *déterminée* du coup de 27, bien qu'il y ait 134,217,728 à parier contre 1.

Ni telle ou telle variation des coups de 15, 17, 20, 25, etc.

Parce qu'en faisant une sécante dans l'infini on peut se rencontrer précisément au moment de la formation périodique des coups de 15, 17, 20 ou 27.

Cet incident, qui est impénétrable pour l'ignorance, qui l'a surnommé écart, est tout naturel pour la science dans les calculs et les prévisions de laquelle il est classé

S'il est impossible, en faisant une sécante dans l'infini des sorties du trente-et-quarante, de savoir à quel degré on se trouve de la révolution périodique du coup de 27,

il est d'autant plus certain que dans 4 mil-
liards 600 millions de coups on le trouverait
9 fois, vérité mathématique aussi infaillible
que de trouver 35 coups de 10 dans 35,000
coups : 120 coups de 5 dans 4,000.

On peut le comprendre par l'idée à peu
près analogique d'un homme qui, en entrant
à l'existence, ne pourrait savoir s'il y entre
le jour ou la nuit, en telle ou telle saison,
mais qui saurait parfaitement que 48 heures après sa naissance il trouverait un jour
et une nuit, 30 jours après un mois, et que
365 jours après, le mouvement planétaire
du cercle zodiatique aurait opéré sa révolution.

C'est pour cela qu'il faut distinguer la révolution périodique d'une variation *déterminée* de tel ou tel coup, en raison inverse de
sa hauteur ou de la multiplicité des figures
dont il se compose.

Avec la révolution instantanée de telle
figure dans une sécante de l'infini, incident
prévu, calculé et accepté dans le travail
scientifique.

Et pour cette raison, l'exactitude mathématique de la sortie des coups racines 1, 2, 3, 4 et 5 ne figure dans mille coups que pour 930.

Celui de un, 480 ; celui de deux, 240 : celui de trois, 120 ; celui de quatre, 60 : et celui de cinq, 30 : total, 930.

Les 70 coups incompris sont les coups qui opèrent leur révolution périodique au moment de la sécante, et dans le réseau ou enchaînement corrélatif absolu desquels se rencontrent, se forment et se composent *nécessairement* les mille coups que l'on tire.

Cet enchaînement corrélatif absolu des différents coups entre eux est la plus solide réfutation que l'on puisse donner à l'ignorance, et même aux mathématiciens, qui, faute d'avoir élaboré la question, ont assimilé la sortie du trente-et-quarante au roulement d'un dé, en admettant indéfiniment la reproduction du même côté.

La science ne récuse pas absolument la reproduction plus ou moins répétée du même côté d'un dé ; mais elle repousse absolument toute assimilation entre le roulement d'un dé et la sortie des coups du trente-et-quarante.

Pour bien en comprendre la différence, supposons le dé (*fig.* 12) à 16 côtés, et par la même raison en rapport proportionnel au 16 variations du coup de 4 (*fig.* 4).

Pour mettre ce dé en assimilation identique avec les seize variations du trente-et-quarante, il faut supposer ce dé mécanique,

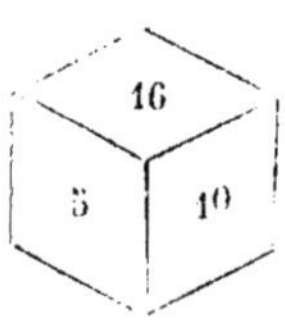

pouvant représenter dans chaque côté une des seize variations du coup de 4 (*fig.* 4); mais ayant aussi chacun de ces seize côtés composés de 14 petites facettes, qui sont dans un mouvement perpétuel, uniforme et régulier, mais dans une vitesse différente; ce sont les 2 variations du coup de 1, représentant un mouvement de vitesse égal à une seconde; les 4 variations du coup de 2, représentant un mouvement de vitesse égal à 2 secondes;

et les 8 variations du coup de 3, représentant un mouvement de vitesse égal à 4 secondes.

Ces 14 facettes sont toutes dans la même aptitude de sortie devant l'équilibre; et tourbillonnent toujours dans les mêmes proportions de formation eu égard à leurs vitesses relatives.

Ce sont donc les seize côtés d'une mécanique formés chacun de trois autres mécaniques qui sont aussi formées entre elles, et qui bien que différentes en force et en vitesse, n'en sont pas moins égales, et avec la même raison d'être, devant un centre commun considéré comme point d'attraction qui est l'*équilibre*.

Et par suite ce dé de seize faces devrait former 32 mécaniques particulières englobant chacune celles de 8, de 4 et de 2; pour concourir à la formation de chacun des 32 côtés d'un dé assimilé aux 32 variations du coup de 5, toujours dans les mêmes proportions de vitesse, les mêmes raisons d'être uniformes et régulières envers leur centre commun d'attraction, *l'équilibre*.

Pour se rendre bien compte de ces démonstrations, il suffit de considérer les figures 1, 2, 3, 4 et 5, pages 79, 80, 81, 82 et 83, où les quatre variations du coup de 2 sont greffées sur le coup d'1, les huit variations du coup de 3 sont également greffées sur les coups d'1 et de 2, toutes trois ensemble concourent à former les seize variations du coup de 4 qui, par sa réunion avec elles, finit aussi par former le coup de 5.

C'est ainsi que de degré en degré, du coup d'1 au coup de 27, tous les coups supérieurs se forment par le concours de la formation successive des coups inférieurs.

C'est la raison de l'équilibre corrélatif absolu, mais c'est aussi la raison du développement plus ou moins prolongé de son oscillation.

C'est par leur concours mutuel, leur mixtion et leur séparation incessante, que se combinent et se forment toutes les modifications du trente-et-quarante.

Chaque formation ne se constitue qu'au

dépens d'un autre qui ne se représente aussi que par la désorganisation de celle-ci.

Ainsi le coup d'1 qui forme seul la moitié du jeu, ne se trouvera être que la moitié de cette proportion si la sécante commence par un coup de 2.

Ne se trouvera en être que la cinquième partie, si la sécante commence par un coup série de 5.

Que la quinzième si elle commence par un coup série de 15.

Et par la même raison, les coups séries se trouvent dans une oscillation de formation périodique plus développée, si les quinze premiers commencent par des intermittences.

Mais comme j'en ai précédemment donné la preuve, tous ces coups sont égaux devant l'équilibre, sont égaux entre eux.

Tous sont dans une égale raison d'être et de sortie.

Le travail complet sur la combinaison de ces figures ou variations, de tous les différents coups du trente-et-quarante, dans la mixtion ou séparation de leur enchaînement corrélatif absolu, est un travail gigantesque. j'ai frissonné quand j'en ai sondé les profondeurs, mais loin de me décourager, je m'y suis dévoué, et je l'ai élaboré avec constance et opiniâtreté ; je suis parvenu à en régler la précision.

Quelle est l'action produite par le coup de 2 sur le coup d'1? Qu'elle est et peut être l'action du coup de 3 sur le coup de 2 et sur le coup d'1 ? L'action collective de ces deux coups sur le coup d'1 qui ne se forment et ne se constituent cependant que par ce même coup d'1 ?

L'action collective de tous les différents coups entre eux, depuis le coup d'1 jusqu'à celui de 27, calculée dans la proportion de leurs mouvements et de leurs variations depuis celle de 2 jusqu'à celle de 134,217,728, toutes les combinaisons qui peuvent en sortir, etc.

Ce simple aperçu est suffisant pour en donner une idée; son ensemble est si ardu, si compliqué, que peu de personnes auraient la patience de le lire, un plus petit nombre encore le comprendrait.

Je m'abstiens donc de le développer, et toujours dans la pensée de vulgariser mon travail, je donne la preuve matérielle de tout ce que j'ai avancé.

Le trente-et-quarante n'est ni jeu ni hasard; ses coups ne sont que le *produit nécessaire d'une combinaison donnée*; ils sortent dans un ensemble proportionnel corrélatif absolu, et se combinent ensemble dans un parfait équilibre.

Je tire 1,000 coups de trente-et-quarante, l'équilibre corrélatif absolu me remplace une table de Pythagore pour le classement de ces différents coups dans la proportion exacte de leurs valeurs respectives, et j'inscris:

1,000 coups, ci	480 coups d'1
— —	240 — de 2
— —	120 — de 3
— —	60 — de 4
— —	30 — de 5

Je tire 1,000 autres coups, j'ai donc 2,000 coups: la sortie des cinq coups 1, 2, 3, 4 et 5 se doublent.

J'ai donc 2.000 coups, ci 960 coups d'1
— — 480 — de 2
— — 240 — de 3
— — 120 — de 4
— — 60 — de 5

Continuant l'expérience, je tire encore
2,000 coups et j'arrive à la hauteur de formation du coup de 12, 4,096.

J'ai donc 4.000 coups, ci 1920 coups d'1
— — 960 — de 2
— — 480 — de 3
— — 240 — de 4
— — 120 — de 5

Je continuerais cette expérience à l'infini,
que je trouverais toujours, les cinq coups
racines qui forment la base des sorties conservant toujours entre eux les mêmes proportions 1. 2. 4. 8. 16, et doublant toujours
leurs quotités numériques proportionnelles.
à la hauteur des formations périodiques de
chaque coup supérieure *Fig.* 6, page 86.
Nous en avons la preuve dans la démon-

stration précédente, ou les coups d'1. 2. 3, 4 et 5, sont à la hauteur de la formation du coup de 10 ou 1,024, en quotité de 480. 240, 120, 60, 30. à la hauteur de formation périodique du coup d'11 ou 2,048.

En quotité de 960, 480, 240, 120, 60. à la hauteur de formation du coup de 12 ou 4.096. En quotité de 1920, 960, 480. 240. 120.

Chaque sortie de 1.000 coups de trente-et-quarante a donc pour base les cinq coups racines 1, 2, 3, 4, 5.

Ils y sont en quantité numérique proportionnelle devant l'équilibre corrélatif absolu de 480, 240. 120, 60 et 30.

Quotité qui se double avec la sortie en conservant toujours les mêmes proportions.

Là se révèle toute la solution du problème.

C'est l'exclusion du hasard. par l'essentialité mathématique. C'est l'effet. *produit nécessaire d'une composition donnée* fixe et invariable, 312 cartes, 156 rouges et 156 noires formant ensemble 2.040 points.

C'est le trente–et–quarante dévoilé.

Devant cette sortie connue et calculée d'a-
vance, il est facile d'établir une opération
à *coup sûr, infaillible*.

On tire **1,000** coups chaque jour dans
les trois banques principales de Hombourg.
Baden et Wiesbaden.

Avec l'argent nécessaire pour couvrir cette
sortie de 1,000 coups. on est donc sûr de
trouver 480 coups d'1. 240 de 2. 120 de 3.
60 de 4, et 30 de 5.

Comme il faut toujours dominer l'équilibre
à la hauteur de toutes ses oscillations par les
progressions coordonnées des masses d'argent; les trois coups de 3. 4. et 5. sont les
seuls que l'on puisse attaquer; le coup de 6
serait impossible à cause du maximum.

Si je choisis le coup de 5. je sais que sur
32 variations, 2 seulement sont séries. 5
rouges et 5 noires (*Fig.* 5, p. 83).

J'en adopte une. la rouge (par exemple).
j'ai donc contre moi les **31** variations contraires, et j'opère dans les proportions
1 : 31.

La sortie de 1,000 coups présente 480

coups d'1, contre 30 coups de 5 déterminés,
15 rouges et 15 noires.

Je prends les 15 rouges et je m'avance
avec une confiance parfaite vers l'équilibre
corrélatif absolu, avec 15 séries de 5 contre
les 465 autres variations du coup de 5, dans
la proportion de 15 : 465 ; ou ce qui est la
même chose avec 15 coups de 5 contre 465
coupt d'1 qui forment la base, et commencent les 465 figures du coup de 5 contraires
à celles que j'ai adoptées.

Si l'oscillation se prononce en ma faveur
dans les 2, 3 ou 400 premiers coups, évi-
demment mon opération est terminée.

Dans le cas contraire, je poursuis et je me
maintiens à la hauteur du développement oscillatoire par des mises proportionnelles.

Le plus ordinairement ce développement
oscillatoire est modifié de 100 à 150 coups,
soit trois, quatre ou cinq coups de 5 ; jamais
il ne dépasse 225 et 500, un peu moins de
sept coups de 5, ou la moitié.

Cette opération sur le coup de 5 présente
la formule suivante :

480 coups d'1 moins 15 coups de 5 égalent 465.

15 coups de 5 multipliés par 31 égalent 465.

$$480 - 15 = 465$$
$$15 \times 31 = 465$$

Car il est évident qu'en misant tous les coups d'1 pour gagner les 15 coups de 5, j'en mise 480 et n'en gagne que 15 : donc $480 - 15 = 465$.

Mais les 15 coups de 5 recherchés me doublent 31 fois la mise, et rapportent $15 \times 31 = 465$ (Voir la *Fig.* 13.)

FIGURE 13.

5 rouges

Au premier coup, la mise d'1 louis est doublée...................... $1 + 1 = 2$.

Au deuxième coup, les 2 louis laissés sur le tapis doublent........ $2 + 2 = 4$.

Au troisième coup, les 4 louis doublent et font.................... $4 + 4 = 8$.

Au quatrième coup, les 8 louis doublent et font.. .... $8 + 8 = 16$.

Au cinquième coup, les 16 louis doublent et font.................$16 + 16 = 32$.

32 moins 1 de mise il reste 31.

Maintenant il faut compter avec le refait : quelques mathématiciens. Laplace. Bernouiller. et d'autres, l'ont apprécié à $\frac{1}{36}$: ils avaient raison : mais dans l'application, ce n'est pas juste : et ceux qui ont voulu jurer par le maître sans en connaître l'importance, ont montré *qu'ils savaient copier.*

Sur 36 coups, les coups nuls. comme refaits simples, 4 après. 6 après. 9 après. etc.. et les cartes inutiles qui restent à la fin de chaque taille. comptent pour $3\frac{1}{4}$: l'action du refait. au lieu de frapper sur 36. ne frappent donc que sur 32, 3/4.

Pour éviter les fractions. j'évalue donc sa sortie à 3 p. 100. et toutes les applications que j'en ai faites sur 10. 20 et 30.000 coups. ont toujours été très-exactes.

Si le coup de 5 arrivait coup pour coup, et dans la proportion exacte de sa valeur. c'est-à-dire tous les 31 coups, il rapporterait 992 mises contre 496 de perte (*Fig.* 14.

Mais on sait déjà qu'il peut par le développement oscillatoire prendre au commencement de l'opération une avance de 4 à 5

FIGURE 14.

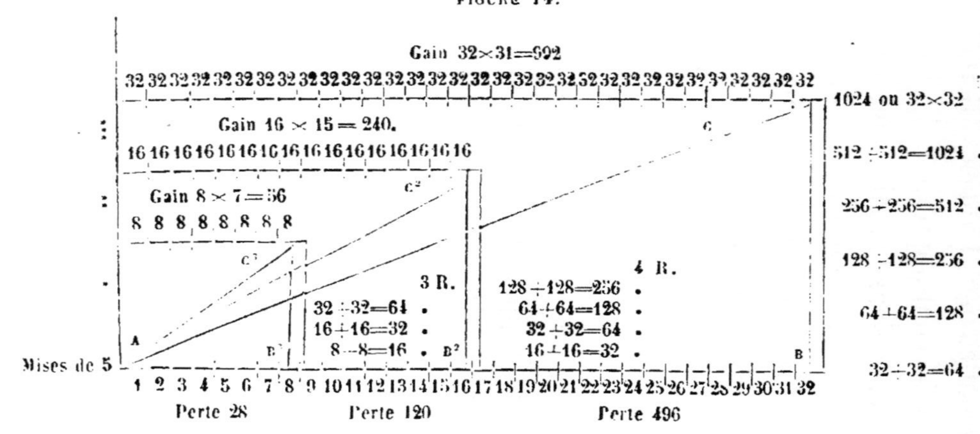

* Le second A B C². — ** Le troisième, A B C³.

FIGURE 15.

Ligne de 465 coups représentés par 15 sorties de 15.

coups sur l'équilibre corrélatif absolu, de même qu'il peut être en arrière de 4 à 5 coups sur le développement oscillatoire qui lui est contraire. (Voir les *figures* 16 et 17, p. 143.)

À cette hauteur de 4 à 5 coups d'oscillations contraires, il rapporte beaucoup moins. et son avantage positif sur la banque pendant tout le cours de l'opération. n'est que de $\frac{1}{3}$.

Cette opération sur le coup de 5 serait très-belle, et ne rapporterait pas moins de 4.000 fr. par jour (*a*, *b*, *c*, *fig.* 14); mais il faut beaucoup d'argent, à peu près 150.000 fr.

Celle du coup de 4 est beaucoup moins avantageuse, parce qu'elle ne couvre que le triangle de 15 coups (a^2, b^2, c^2, *fig.* 14), par les 15 coups 16 + 15 : mais elle demande beaucoup moins d'argent. à peu près 60.000 fr.

Celle du coup de 3 est bien plus facile encore et beaucoup moins dispendieuse. (a^3, b^3, c^3, *fig.* 14), parce qu'elle ne couvre

que les sept premiers chiffres du triangle
a^3, b^3, c^3, par $8 \div 7$.

L'équilibre est infaillible, c'est l'absolutisme dans la circonférence du cercle, dans les quatre angles du carré : c'est l'essentialité mathématique.

Mais il ne faut pas lui demander un ordre contraire à sa nature.

Il se constitue par l'enchaînement corrélatif absolu de tous les coups entre eux, dans leur formation et leur déformation : on trouve donc au commencement de la sécante, les variations contraires et les variations recherchées avec une égale facilité p. 143.

Souvent aussi on trouve les mêmes au commencement et à la fin, *fig.* 16 et 17.

Une sécante dans l'infini sur le mouvement de la terre produirait souvent, par la même cause et dans les mêmes conditions, une différence d'un jour ou d'une nuit, de deux jours ou deux nuits, par le nombre 5 ou 60 heures.

Mais, loin d'être un argument contre l'équilibre, c'est sa preuve la plus concluante :

car, plus l'expérience est prolongée, plus elle
révèle son cachet d'infaillibilité.

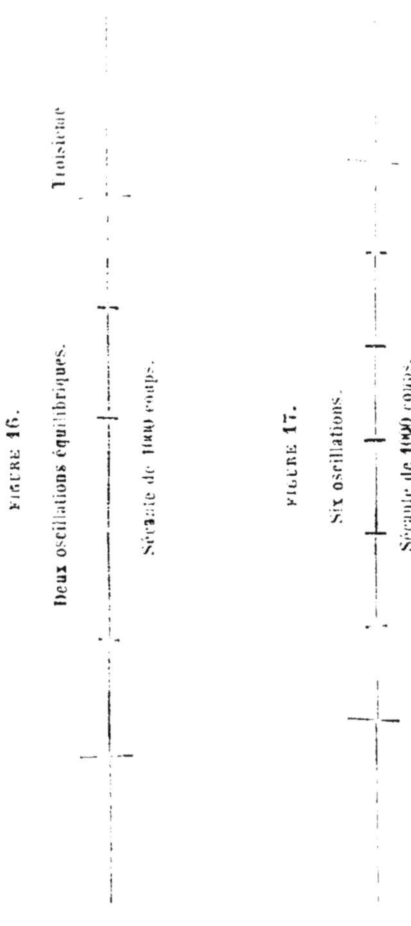

CONCLUSION.

La solution de ce problème est un événement dans l'existence de la banque; mais cet événement ne sera pas destructif. J'ignore même jusqu'à quel point il sera nuisible.

Bien que tout le monde n'ait pas **150,000** ou **60.000** fr. disponibles pour les coups de 4 et de 5, ni même les fonds nécessaires à l'opération du coup de 3, il se trouvera de l'argent.

Mais combien trouvera-t-on d'opérateurs? Le calme et le sang-froid de l'homme sérieux et maître de ses passions, a de grands avantages dans tous les événements de la vie; mais dans cette circontance, c'est tout.

Il faut être inaccessible à la cupidité, à l'entraînement, se mettre en quelque sorte au-dessus de l'affaire, oublier l'avenir et ses millions, et savoir se contenter de 3, 4, ou 5,000 fr. au nivellement de l'équilibre.

Colomb demandait un vaisseau pour dévoiler l'Amérique, Archimède un point d'appui pour soulever la terre : pour adversaire de la banque je demande un homme spécial. J'ai souvent pensé que l'union collective d'une société pourrait être avantageuse.

Admettons que tout soit pour le mieux, qu'une attaque bien dirigée avec caissier, teneur de livres, etc., fonctionne dans les trois principales maisons de Hombourg, Baden et Weisbaden, le gain s'élèverait bien à 4,000 fr. chaque jour dans chacune de ces maisons; mais des milliers de curieux seraient attirés par la nouveauté du spectacle, surtout pendant l'été; et tout en accourant dans l'espérance d'assister au hallali de leur intérêt commun, ne feraient, sans y penser, que le dédommager de ses pertes journalières.

Cette assertion est si vraie, que ces maisons, pour attirer des amateurs, ont souvent la politique de dire qu'elles sont considérablement en perte; quelques-unes même poussent le raffinement jusqu'à se faire sauter deux ou trois fois chaque été.

Si on leur enlève 20,000 fr. sur 40,000 qui se trouvaient sur la table, et peut-être 5 à 6,000 de bénéfice, ils plient bagage et ne recommencent la partie que le soir; tout le monde y arrive avec empressement, la plus grande partie perd bien quelques louis, et le triomphateur du jour, que la foule contemple avec envie, reperd aussi une partie de son bénéfice, en sorte qu'à la clôture, vers onze heures, minuit, c'est réellement la banque, qui, mystérieusement et sans bruit, va compter ses bénéfices.

On me conseillait de terminer cet ouvrage par un recueil de 100,000 coups de trente-et-quarante :

Ce serait peu logique, et contraire à la force mathématique que j'ai dévoilée.

Le coup de 12 a 4,096 variations et demande une sortie de 143,360 coups pour obtenir deux ou trois fois son équilibre corrélatif absolu ; le coup de 14 en demande 720,000 ; le coup de 15, 1,440,000 ; le coup de 20 en demanderait 50,000,000.

Collection difficile à recueillir et encore plus inutile, car, pour une opération semblable l'argent ne se trouverait pas, et le maximum de 8,500 fr. n'en permet pas l'emploi.

En face d'exigences semblables pour les coups supérieurs, un recueil de 100,000 coups ne serait donc rien, et serait tout à fait inutile pour les coups racines qui, se trouvant être la base de toutes les sorties, n'ont pas les innombrables mixtions corrélatives des coups supérieurs, et qui, dans un simple développement de 1000 coups, se concentrent toujours avec précision dans un parfait équilibre corrélatif absolu, en permettant de les dominer avec une somme relative à leur importance, sans que l'opération soit arrêtée par le maximum des mises. Ainsi, les 7,300 coups que j'annexe à la fin comme tableau d'exercice sont plus que suffisants.

Une autre raison est plus concluante en-

core : si quelqu'un venait me dire : « Mon-
« sieur, votre ouvrage me paraît sérieux, c'est
« logique, c'est mathématique : et si, comme
« vous l'affirmez, son application pratique
« est égale à la théorie, ce serait vraiment
« un avenir de millions : pour m'en assurer
« j'ai tiré **10,000** coups dans le silence et
« le calme du cabinet, avec le plus grand
« soin et la plus scrupuleuse attention : je
« les ai dans ma poche, pouvez-vous, *sans*
« *les voir*, m'en donner la lithographie, et
« me prouver avec *infaillibilité* que vous
« pouvez par *anticipation* me donner le ré-
« sultat précis de l'opération que nous allons
« faire dessus avec une somme déterminée ?

Incontestablement je répondrais oui, et
j'accepterais tous les paris de monde ; mais
je serais forcé de dire, vos tailles sont-elles
exactes ?

Pour trancher toute difficulté recommen-
çons l'opération ensemble, et je vais vous
donner non la lithographie des tailles qui sont
dans votre poche, mais de celles que nous
allons tirer ensemble, en précisant le résul-

tat *infaillible* et *déterminé* de notre opération.

En agir ainsi serait prudence et nécessité,
car, rien n'est si difficile et si aride que de
marquer un recueil de quelques milliers de
coups.

Seul et sans contrôle, il est presque impossible de le faire sans erreur.

TABLEAU D'EXERCICES POUR 7,300 COUPS.

R.	N.	C.	I.	R.	N.	C.	I.	R.	N.	C.	I.	R.	N.	C.	I.	R.	N.	C.	I.

TABLEAU D'EXERCICES POUR 7,300 COUPS.

R.	N.	C.	I.	R.	N.	C.	I.	R.	N.	C.	I.	R.	N.	C.	I.	R.	N.	C.	I.

TABLEAU D'EXERCICES POUR 7,300 COUPS.

R.	N.	C.	I.	R.	N.	C.	I.	R.	N.	C.	I.	R.	N.	C.	I.	R.	N.	C.	I.

TABLEAU D'EXERCICES POUR 7,300 COUPS.

R.	N.	C.	I.	R.	N.	C.	I.	R.	N.	C.	I.	R.	N.	C.	I.	R.	N.	C.	I.

TABLEAU D'EXERCICES POUR 7,300 COUPS.

R.	N.	C.	I.	R.	N.	C.	I.	R.	N.	C.	I.	R.	N.	C.	I.	R.	N.	C.	I.

TABLEAU D'EXERCICES POUR 7,300 COUPS.

R.	N.	C.	I.	R.	N.	C.	I.	R.	N.	C.	I.	R.	N.	C.	I.	R.	N.	C.	I.

TABLEAU D'EXERCICES POUR 7,300 COUPS.

R.	N.	C.	I.	R.	N.	C.	I.	R.	N.	C.	I.	R.	N.	C.	I.	R.	N.	C.	I.	R.	N.	C.	I.

TABLEAU D'EXERCICES POUR 7,300 COUPS.

R.	N.	C.	I.	R.	N.	C.	I.	R.	N.	C.	I.	R.	N.	C.	I.

TABLEAU D'EXERCICES POUR 7,300 COUPS.

R.	N.	C.	I.	R.	N.	C.	I.	R.	N.	C.	I.	R.	N.	C.	I.	R.	N.	C.	I.

TABLEAU D'EXERCICES POUR 7,300 COUPS.

R.	N.	C.	I.	R.	N.	C.	I.	R.	N.	C.	I.	R.	N.	C.	I.	R.	N.	C.	I.	R.	N.	C.	I.

TABLE DES MATIÈRES.

Paris. — Typ. Nouttet, rue du ....